JN057994

人生のチャンスを掴む

「気づき力」の強化書

一場翔貴 著

セルバ出版

「あっ、流れ星！」

　今、願い事を言えましたか？　突然、皆さんを驚かせてしまい申し訳ありません。流れ星に願い事をすると夢が叶うと言われていますが、いざその状況になったときに、瞬時にできる人は多くはないでしょう。

　ふとした瞬間に突然現れ、さっと目の前を横切り、あっと思った瞬間には、もう夜空に消えてしまっています。カメラを用意する時間もなければ、願いを考えている時間もありません。ほんの一瞬の出来事を生かすためには、どうすればいいのでしょうか。

　流れ星が現れてから、願いを考えてはいけません。願いは、流れ星を見る前に考えて、準備しておかなければなりません。日頃から準備がきちんとできている人だけが、流れ星が現れた一瞬にきちんとお願いができます。

　本書で伝えたいのは、人生のチャンスを掴む「気づき力」の素晴らしさです。チャンスの気づき力とは、「本心を聴き、本音を語り、本能で生きる」ことです。先ほどの流れ星の例を活用して、解説します。

　まず、「本心を聴く」。流れ星が流れた瞬間、何を言おうか迷ったり、何も願いが出てこなかったりする人が大半でしょう。チャンスを掴む者は、常に自分が何を求めているのか願望が明確化されています。そのためには、日頃から自分の本心を聴くことです。

　次に、「本音を語る」。願い事が決まっていても、わずか数秒でまとめきれなかったり、上手く言葉で伝えられなかったりする人もいるでしょう。チャンスを掴む者は、常に自分が何をしたいのか願望

が言語化されています。そのためには、日頃から自分の本音を語ることです。私は、この時点で、願い事が叶う確率は80％決まったと言ってもいいと思います。

最後に、「本能で生きる」。流れ星に願い事を言っただけで、あとは神頼みという人も少なくないでしょう。チャンスを掴む者は、常に明確に言語化された願望が行動化されています。そのためには、日頃から自分の本能で生きることです。チャンスを掴む者は、チャンスが現れたときではなく、いつでもチャンスを掴む「準備」を重ねています。

今のうちから自分磨きをしておく努力を積み重ねている人にだけ、チャンスを掴む権利が与えられます。

人を妬む気持ちを「なぜあの人は幸せになれたのだろうか」と研究する熱に変えましょう。人を羨むことは、考えるチャンスができたということです。チャンスにあふれる人は、日常で起こる様々なことを自分に結びつけて考えます。チャンスを掴む体質になりましょう。

本書は、サクサクと読み進めていけるように工夫しました。読み始める前に、目次で自分に好きな言葉を探してください。1つ読んだら本を閉じて、1つ行動する。1つ読んだらまた1つ行動する、というように本書を活用してください。

Are You READY？

2020年11月

一場　翔貴

人生のチャンスを掴む「気づき力」の強化書　目次

第3章　チャンスを摑める人になるためのマインドの磨き方

第6章　プロティアンな生き方でチャンスを掴もう！―田中研之輔教授とのスペシャル対談

おわりに

第1章

人生のチャンスって
どんなこと

1　チャンスの "When"

キャリアの 8 割は、偶然で決まる

　私が大好きな考え方があります。この考え方は、全国 100 校 4000 名に講演してきた中でも伝えてきて、将来何をしたいかまだ決まっていない人や、ただ漠然とこの先に対して不安を抱いている人に届けたい理論です。

　それは、「計画的偶発性理論」です。これは、スタンフォード大学の心理学者 J・D クランボルツ氏が 1999 年に提唱したキャリア理論で、「キャリアの 8 割は、偶然で決まる」と伝えています。スティーブ・ジョブズ氏も語っていた「Connecting the dots」も非常に近い考え方です。

　要するに、ふとした偶然の出会いからひらめきを得て、もともと探してはいなかった何かを発見したり、掴み取ったりする割合が 8 割ということです。

　逆を言えば、何か計画しても、その通りに実現する割合は 2 割にしか過ぎないということです。

　学校で「夢や目標を持ちましょう」と言われて育ってきた人にとっては、衝撃的な研究結果だと思いますし、私もその 1 人でした。

　ただ、よくよく考えてみれば、1 年前に私がこうして執筆することになるとは自分でも思っていなかったし、誰も 1 年前に新型コロナウイルスが世界中に蔓延するようになるとは思っていなかったはずです。

　1 年後、いや 1 か月後のことすら、私達は正確に予想することはできないのではないでしょうか。ましてや、この変化の激しい現代であれば尚更のことかと思います。

ニンジンが先か、カレーが先か

　もちろん、私は、目標を持って逆算的に日々行動する人のことを否定する訳ではありません。私は、このようなタイプの人のことを「カレータイプ」とよく表現します。

　これは、先に「カレーをつくるんだ！」と決めてから、スーパーでニンジンやジャガイモなど具材を調達するように、目標に一貫して日々の実践を選択することです。

　これに対して、「ニンジンタイプ」もいます。これは、たまたま冷蔵庫にニンジンがあったので、「きょうはカレーにしようかな、シチューにしようかな、サラダにしようかな」と、ニンジンを使った料理をいろいろ考えるタイプです。

　皆さんは、カレータイプですか？　それともニンジンタイプですか？　正解はありません。自分がどちらが生きやすいかで選んでいただいて構いません。

　私は、もともとカレータイプでしたが、あることをきっかけにニンジンタイプになった人間です。

　本書は、ニンジンタイプのためにつくられておりますので、ニンジンタイプの人は、本書で何か刺さった言葉を胸に実践してほしいと思います。

　カレータイプの人は、ここで本を閉じないでください。

　私が講演で多くの人に出会ってきた経験から推測するに、80％の人がニンジンタイプです。カレータイプの周りで5人に4人はニンジンタイプですから、この本書でニンジンタイプの考え方がわかると、職場や学校でストレスなく気持ちよいコミュニケーションができます。

　カレータイプの人は、リーダーシップが強い人が多い傾向にあるので、よりよいチームワークを発揮するためにも、ぜひご活用くだ

さい。

　それでは、ニンジンタイプの方お待たせいたしました。突然、予期せぬときに舞い降りてきたチャンスを掴みたいですよね。たまたま冷蔵庫にあったニンジンを超高級レストランのような料理に変身させたいですよね。そんな普通の食材を高級料理に大変身できる人には、ある5つの特徴があったそうです。

　実は、先ほどの計画的偶発性理論で、経営が10年続いている30代経営者、「20代の頃、あなたが起業すると思いましたか?」と質問したそうです（経産省のデータによると、10年後会社が生き残る確率は6.3%と言われているので、そこそこ成功している経営者と考えてもいいでしょう）。

　すると、何と8割の経営者が口を揃えて「たまたま」と答えたそうです。

　そして、その8割の経営者をさらに深堀りしてみると、その5つの特徴が明らかになったのです。

　偶然を機会に転換できるかどうか、機会となり得る偶然を自分の手元に引き寄せられるかどうかが決まる5つの鍵です。

たまたまをチャンスに変える5つの性格

　皆さんも、自分が何個当てはまるのか、またそれぞれ何%ぐらい持っているか確認してみてください。

　1つ目は、「好奇心」です。たえず新しい学習の機会を模索し続けることです。この特徴が強い人は、自分の専門分野やそもそも関心があることだけに閉じこもらず、自分の知らない分野にまで視野を広げ、様々なことに関心を持ちます。

　2つ目は、「持続性」です。失敗に屈せず、努力し続けることです。どんな仕事であれ、向き不向きを判断できるようになるためには、

相応の努力が必要です。この特徴が強い人は、一足飛びに結果を出そうとするのではなく、足元を固めながらじっくり取り組みます。

3つ目は、「楽観性」です。新しい機会は必ず実現し可能になるとポジティブに考えることです。この特徴が強い人は、例えば、意に沿わぬ異動や転職を、ネガティブな出来事として悲観的に受け止めるのではなく、自分の知らない世界に飛び込むチャンスだと楽観的にとらえます。

4つ目は、「柔軟性」です。こだわりを捨て信念や行動を変えることです。この特徴が強い人は、何でも来いという気持ちがあれば、軽やかに人生やキャリアを歩んでいけます。

5つ目は、「冒険心」です。結果が不確実でもリスクを取って動くことです。この特徴が強い人は、予期せぬ出来事、つまり偶発を求める行動は、いわば未知の世界への冒険のようなもので、積極的にリスクを取りに行きます。

言葉で世界は創られる

ここからは、私の考察です。私は、物事の意味を深く探求するときには、対義語から考えます。対義語から言葉の意味を多角的に見ることで、その言葉の本質がわかるため、今回も検証してみようと思います。

1つ目の対義語は、「無関心」です。この人の口癖は、「別に」「どうでもいい」「面倒くさい」です。逆に、好奇心の強い人は、「面白そう！」「楽しそう！」「じゃあ！」などが口癖です。好奇心を高める習慣は第5章で解説します。

2つ目の対義語は、「脆弱性」です。この人の口癖は、「つらい」「えー」「もういいよ」です。逆に、持続性の強い人は、「達成するぞ！」「やり切ろう！」「最後まで！」などが口癖です。持続性を高める習

慣も第5章で解説します。

　3つ目の対義語は、「悲観性」です。この人の口癖は、「どうせ」「どうして」「忙しい」です。逆に、楽観性の強い人は、「どうにかなる！」「まぁいっか！」「ありがとう！」などが口癖です。楽観性の強い人が見つけやすいチャンスの場所は、この後解説します。

　4つ目の対義語は、「固執性」です。この人の口癖は、「だって」「ていうか」「いや」です。逆に、柔軟性の強い人は、「大丈夫！」「いいね！」「あり〜！」などが口癖です。柔軟性を高めるトレーニングを第4章で解説します。

　5つ目の対義語は、「保守心」です。この人の口癖は、「でも」「基本的に」「なんか」です。逆に、冒険心の強い人は、「できる！」「とりあえず！」「やってみよう！」です。

　ちなみに、私は、この冒険心が最も強く、次に楽観性・好奇心が特に強いです。皆さんは、どこが強かったですか？　また、身の回りにいる人がよく言う口癖はありましたか。口癖を意識するだけで、ニンジンを高級料理に変えられる人なのか、腐らせて捨ててしまう人なのか見分けられます。

奇跡を計画する

　偶然だけでは奇跡は起きません。可能性が0なら、奇跡が起こるのも0です。努力が0なら奇跡が起こるのも0です。可能性が低くても、偶然や努力の数値が高ければ、奇跡は起きます

　この掴み取る力を飛躍的に上げてくれるのは、言葉の力です。どんなことを求めているのかを考えているだけではいけません。常に口にしましょう。

　私が好きな「ゴルゴの“命”の授業」で、こんな漢字の意味を紹介していました。「人はプラスなこともマイナスなことも口にする

(口、＋、－→吐)。しかし、そこからネガティブなことを言うのをやめて、ポジティブなことだけ言おう。そうすれば、"叶"うと。

そうした言葉を使う人が、「偶然」に気づき、「努力」で掴み取ります。録音された地声が気持ち悪いと思った経験、皆さんは生きていて1回くらいはあると思います。

自分が発して自分で聞く声は、「骨伝導」といって、自分の骨に直接響いて体内から聞こえる音に対して、録音して聞く声は空気中から伝わって聞こえる音です。そして、自分から発して自分で聞く声は、頭蓋骨にも響くため、無意識のうちに脳内へとても刷り込まれていきます。

つまり、空気を通して伝わる自分や他人の言葉よりも、自分の骨に直接響いて、体内から聞こえる自分の言葉のほうが、脳に対してすごく影響力を持っています。だから、口癖も含めて自分で話す言葉は一番大事にしましょう。

ポジティブな口癖は、自分だけでなく、自分の周りにいる他の人達までも明るくする力があります。しかも、何か問題が起きたとしても、前向きな言葉を自分にかけてあげることで冷静さを取り戻し、いいことだらけです。うまくいかないときこそ、ポジティブな言葉を唱えましょう。

言葉で未来はつくられる

このような言葉の力は、心理学では「認知的不協和」と証明されています。これは、自分の行動に心が辻褄を合わせたくなる特徴のことを指します。つまり、言葉で脳をだますということです。

例えば、体調が悪いような気がしているときに、友達から「顔色悪いよ」と言われてから、「あっ、俺は体調が悪いのか」と認知した経験はありませんか。

15

　これは、決して言葉を聞いてから体調が急激に変化したのではなく、体調を捉える自分の世界が変わっただけです。他にも、偉い医者から直る薬と言われて飲むと治る現象を「プラシーボ効果」とも言います。

　これらのように、「口癖」によって思い込みが始まり、行動を変えていくだけで、チャンスが舞い込みやすい体質に変化していけます。

　自分のネガティブ思考を直したい人におすすめなのが、「3 秒ルール」です。ネガティブなことを口に出して言ってしまったら、3 秒以内に「今のはなし！」とつぶやき、ポジティブな言葉に置き換える方法です。

　これによって、今まで無自覚だったネガティブ思考にすばやく気づき、その場でポジティブ思考に変えることができます。

　では、次に、チャンスが舞い降りてくる「可能性」の高い人の特徴を、さらに詳しく紹介していきます。

2　チャンスの "Who"

見えているようで見えていない

　いきなりですが、時計を外してください。外したら、時計のデザインを紙に 30 秒で描写してみてください。きっと毎日何度も見ている時計なら正確に描けるはずですよね。もし近くに友達がいるようであれば、描いた時計と実物を見比べてみてもらってください。

　どうでしょうか。何パーセントくらい正確に描けていましたでしょうか。描いてみると意外なところに見知らぬマークがあったり、思わぬところに小さな文字が刻まれたりしていたのではないのでしょうか。これは、「心理的盲点」と呼ばれる現象です。

日常でも、普段通っている通勤路で、友達がコンビニでバイトした瞬間に、急にコンビニが目に入るような体験をしたことがありませんか。いきなり時計に新しいデザインが刻み込まれたり、コンビニが増加したりしたわけではありません。

　私達は、常に色眼鏡（偏見）を持って生活しています。自分にとって関係ある情報のみ脳内に取り入れ、関係ない情報は無意識に除外しています。そうしなければ、情報量が多過ぎて脳が処理しきれないからだと言われています。

　人は、見る準備をしているものしか見えません。1つの側面からしか物事が見えなくなり、問題が起きても起きていることさえ見えなくなるのは、ロックオンすると他の情報はロックオフする脳の仕組みになっているからです。

　私達は、本当に何が欲しいのか知らないとも言われています。社会や先生、両親、広告、テレビが意図的に思わせている世界で生きており、何が重要なのか誰かに信念を埋め込まれ、自分自身が知らない可能性も高いのです。

　せっかくなので、もう1度チェックのために時計のデザインを見てみてください。そして、時計から目を離してください。今、何時でしたか。

チャンスのエースの心構え

　チャンスを掴む者は、掴みたいと思う人にしか気づくことはできません。どんな些細なことでさえ、時にはピンチでさえ、チャンスと思い込めるかで、チャンスの順番が多く巡ってきます。

　チャンスは、打率ではありません。打席の回数です。高確率で掴んでいるのではなく、多数回に気づいているのです。流れ星も常に下を向いている人には、いくら上空に流れ星が煌々と光り輝いても

気づくときは決して来ないでしょう。

　私は、講演するときに、冒頭でグラウンドルールを参加者に約束してもらっています。それは、「Active・Coachable・Enjoy」です。

　まず、「積極的」であれということです。

　私の講演では、「チャンスカード」が登場します。これは、10〜15分に1度、そこまでの学びや気づきをシェアしていただき、そこで話し合った内容を皆の前で発表したい人は、チャンスカードを取りに来るというシステムです。

　そして、このチャンスカードは、いつも私の前にあるのではなく、時にはある生徒の前に置いたり、時には事前に生徒が座る席の下に潜ませたりしています。そうすることで、生徒の好奇心をくすぐり、積極的になれる工夫をしています。

　次に、「何でも受け入れる」ということです。スポンジのように、講演中はメモを取るように指示をしています。メモを取る理由は、人間は何かを学んだときに、1時間後に56％、1日後に67％、1か月後に79％忘れます。これは、「エビングハウスの忘却曲線」で証明されていることです。

　最後に、「楽しむ」ことです。講演中、いつも以上に大きく頷き、拍手を大きくしてもらいます。皆さんは、3.11の時どこで誰と何をしていたか鮮明に覚えているのではないでしょうか。

　同じ3.11でも、3年前の3.11に何をしていたかを覚えている人はあまりいないでしょう。これは、「情動体験」と呼ばれます。そして、その感情を動かすには、行動を変えることが効果的です。

　例えば、仁王立ちし、両手をグーっと空に向けて伸ばし、顔も上を向いてみてください。気持ちの変化はありましたか。

　脳は、行動（言葉）についてきます。面白いから笑うのではなく、笑うから面白いのです。こうした3つのグラウンドルールを守っ

て受講する人は、高確率でチャンスカードを掴みに来ますし、最後の質疑応答で質問してくれます。

　先ほどの「Active・Coachable・Enjoy」の頭文字をつなぎ合わせてみてください。もうわかりましたね。

未来を「過去完了形」にする

　何かアクション起こそうとするとき、どのような考えから始めるでしょうか。「ちょっとやってみて、厳しそうだったらやめよ」と考えてはないでしょうか。

　これは、先の計画的偶発性理論の「持続性」にかかわる話ですが、厳しいからやめるというのは、そこに理由を見出そうとしてないため、結局、同じ場面に遭遇したときに、同じミスを再現してしまいます。

　それだとチャンスは巡ってきません。大事なのは、退路を断つことです。

　「私はチャンスを掴み"たい"」、「私はチャンスを掴み"ます"」では、どの発言をした人に、一番、実際にチャンスが巡ってくると思いますか。多くの人は、最後と考えたのではないでしょうか。

　ポイントは、未来を「過去完了」で確約することです。誰にもわからない未来でも、その未来で自分は既にこうなっているという思考を持つことです。

　ワンピースのルフィも、「俺は海賊王になる」と、まだなってない段階でも、あたかも既になっているかのように言っていますし、振る舞っています。これは、自信があるからではなく、強い願望があるからです。

　だから、何かになる自信がないからではなくて、「私は○○年後、○○している」って人に伝えてみましょう。

　そうすると、不思議なことに、そうなるために良質な情報や価値ある体験に気づくようになります。

　未来を見据えて前扉を開けるだけではなく、過去と現在を切り離す後ろ扉を閉めましょう。やりたいことを見つける前に、やらないことを決めていくことから、未来への旅を始めましょう。

ステレオタイプを捨てる

　人は、常に外界からの情報をもとにして、物事を考えています。ただ、その前提になる情報は、常に正しいとは限りません。その情報は、知らぬ間に刷り込まれた、先入観や偏見かも知れません。

　こうした思い込みや固定観念を信じてしまうことを、「ステレオタイプ思考」と言います。同じカテゴリーに所属する人々を、過度に似通っていると見積もってしまう危険性があります。

　これを軽減するコツの1つは、自分とは異なる社会的カテゴリーに属する人々と直接的に接触することです。詳しい話は、「類は殿を呼ぶ」の章で、お話します。

　そのような人々と人間関係を持つことで、そのカテゴリーに対するステレオタイプや偏見は低減されていきます。

　私の経験上、日本人は特に、「民主主義＝正義」や「多数派＝良」といったように、根拠のないステレオタイプを用いて、思考を停止して流されてしまう人が多いように感じます。

　脱線ではありますが、次章からことわざを使って、意味の再定義をしている理由も、「ことわざで言われているから」と思考停止して、本質を追求しない人が多いためです。

　話を戻すと、「○○さんが大丈夫といったから」「一般的には○○すべき」と言ったように、ステレオタイプに偏り過ぎてしまうと、かえって思考的には流されてしまう可能性があります。

このような場合は、「本当にそうか」「反対の立場だったらどうだろうか」「○○さんだったらどう考えるだろうか」と、自分の立場や見方を置き換えて思考の視野を広げてみることが重要です。

円錐、下から見るか、横から見るか

今、皆さんの前に、「○」の形があったとします。それは、どのような図形だと思いますか？　多くの人は、「円」と答えるでしょう。

もし、その図形が三角錐だったとしたらどうでしょうか。確かに下から見れば、「円」ですが、横から見ると、「長方形」に見えるのではないでしょうか。

他にも、「木を見て森を見ず」や「群盲象を評す」のように、一面だけを理解して、すべて理解したと錯覚してしまうこともあります。

思い込みを捨てて、思いつきを拾いましょう。そんなときに、3つの必要な思考の観点をご紹介します。「長期的・多角的・本質的」です。

長期的とは、目先に捉われないで、できるだけ長い目で見ることです。

多角的とは、物事の一面に捉われないで、できるだけ多面的に、でき得れば全面的に見ることです。

本質的とは、何事によらず枝葉末節に捉われず、根本的に考えることです。どれが大事かという訳ではなく、どれも大事なので、バランスよく考えましょう。

君の前に道はない、君の後には道はできる

このように、チャンスは、ピンチの顔をしたり、顔の一部だけを見せたりしてやってきます。難易度が簡単なほど、つまらないもの

です。考えてみてください。

　振ったら全部ホームランのバッティングセンター。鉛筆握ったら全部100点のテスト。初期設定したら全部クリアのRPG。どうでしょうか。

　自分の可能性の「枠」に収まっているとき、高揚感は味わいにくいものです。その「枠」を超えたとき、つまり「枠枠」し、超えた分だけ、ワクワクするのではないでしょうか。

　そんなワクワク人間には、経験上いくつかの共通点があるように思います。

　1つは、組織に所属しているのではないという意識を持つことです。会社や学校と個人は、上下関係ではなく対等な関係という意識を持つことで、チャンスと巡り合える打席が増えます。

　2つ目は、誰かにコントロールされている他律ではないことです。上司・先生・親・世の中のせいと考える他責ではなく、周囲から与えられたものであっても、結局は自分が選択していけば、一人前になる自立が芽生えます。

　3つ目は、1度きりの人生と割り切ることです。小さい頃の夢はあなたにとってどのような存在だったでしょうか。夢の実現を不可能にするものがあるのであれば、それは失敗するかもという恐れだけです。不思議な力が自分の運命を実現することは不可能だと思い込ませ始めてみましょう。

　4つ目は、明確にヴィジョンを語ることです。そこからそれを助けてくれる人が現れます。夢を叶える人は叶えているのではなく、叶えさせてもらっています。コンプレックスは、ギフトと捉えられるアドバンテージを持てるかどうかです。

　才能や環境に恵まれている人が成功するのではなく、自律意識を持って生きることです。自分の可能性を探る旅こそが、人生なので

はないでしょうか。

3　チャンスの "Where"

過去にすがらず、未来にこだわらない

　さて、最後に、チャンスは、どこに転がっているのでしょうか？

　そのヒントになる考え方に、「U理論」があります。これは、非常に簡略化かつ私の解釈を交えて言うと、「過去にすがらず、未来にこだわらず、今ここを生きる」ということです。

　これは、イノベーションを起こす人の特徴とも言われています。例えば、iPadのカバーケースは、スティーブ・ジョブズが京都に旅行に行った際に、お風呂のふたを見てヒントを得てつくられたと言われています。他にも、QBハウスの店頭に設置されている店内の混雑状況を表す赤黄緑の点灯は、何気なく見ていた工場の中の様子を放送したテレビ番組で、生産物が完成した際に赤く光って信号を送るところからヒントを得たと言われています。

　このように、彼らは、過去の経験からでもなく、未来に描く戦略からでもなく、その瞬間に閃いたアイデアでした。

　私は、講演でよく、「どうしたら翔貴さんのように自信が持てますか」と尋ねられます。私は、「生まれつき自信のない人はいません。自信がないという状態を心地よいと思っているからです。だから訓練して自信を取り戻していこう」と伝えます。

　つまり、自分は自信がないという状況のほうが都合がよいからです。これだけだと、まだわかりにくいと思うので、もう少し解説します。

　例えば、赤ちゃんは、自信があると思いますか。絶対ありますよね。根拠のない自信で、「俺なら立てる！」と思い込み、何度頭を

ぶつけようが足をひねろうが立ち上がろうとします。

　根拠のない自信で、「私なら食べられる！」と思い込み、口にしてはいけないようなおもちゃを食べようとします。

　人見知りもそうです。赤ちゃんがもし人見知りであれば、あれだけ泣きわめいて自分の状況を知らせることはないでしょう。

　つまり、私達は、数々の経験から自信を失ったり、人見知りという性格を獲得してきたりしたのです。

　逆に言えば、トレーニングによって、その自信はいつでも取り戻せるということです。過去の延長線上に生きるのではなく、過去はカッコンと捨てましょう。

今ここに集中する

　この理論を体感していただくワークショップとして、「ペン探しゲーム」を講演でします。

　まず、「この部屋のどこかに隠れているペンを見つけてください」と伝え、1回目と2回目は地面のどこかに置きます。そこで、私は、耳にペンをかけるですが、3回目になると、多くの人が地面を一生懸命に探します。

　この1・2回目と3回目を切り離した者だけがペンを見つけられるように、人は無意識に過去からヒントを得ようとしてしまうところを、今ここに集中することで新たなチャンスに気づくことができるのです。

　そして、今ここに集中できない理由は、他のことに意識が分散してしまうことに起因します。その中でも、特に人に振り回されることが多い傾向にあります。

　『嫌われる勇気』の中で、アドラーも「あらゆる対人関係のトラブルは、他者の課題に土足で踏み込むこと、あるいは自分の課題に土足

で踏み込まれることによって引き起こされる」と言っていました。

さらに、誰の課題かを見分ける方法はシンプルで、「その選択によってもたらされる結末を最終的に引き受けるのは誰か」と考えるそうです。

他人の人生は、他人のもの。ついつい他人を、「ウチの○○がさぁー」みたいに言っている人は危険信号です。人は1人の人であり、決してあなたの所有物ではありません。

逆に言えば、自分の課題にも相手を踏み込ませてはいけません。そうすると、意思決定の基準がブレブレになるからです。

だからと言って、意見を聞くなと言っている訳ではありません。人の意見は聞いてもよいが、ただ1つの情報にしか過ぎないということです。

そして、意思決定した理由を「○○が言っていたから」としてはいけません。数ある情報を取捨選択して、最終的に自分が選択していることだからです。

他責で生きず、自責で生きましょう。出来事に反応的になるのではなく、対応していけば、大きく結果が変わります。厳しいですが、本当の自由を獲得する生き方をアドラーは教えてくれています。

フッ軽の獲得

自由、つまりフットワーク軽く動けるようになりたいと思っても、同調圧力が強い日本で、実践することはなかなか困難なことです。

私も、こうは言いつつも、職場ではやはり人の目を気にして躊躇することも多くあります。そんな私っても大切な3つのステップがあります。それは、「守・破・離」です。

「守」の段階では、指導者の話を守ります。できるだけ多くの話を聞き、指導者の行動を見習って、指導者の価値観を自分のものに

していきます。すべてを習得できたと感じるまでは、指導者の指導どおりの行動をしましょう。

「破」の段階で、指導者の話を守るだけではなく、破る行為をしてみます。自分独自に工夫して、指導者の話になかった方法を試してみましょう。

「離」の段階では、指導者のもとから離れて、自分自身で学んだ内容をさらに発展させます。

料理で例えるならば、まずはレシピを見ながら忠実に味を再現してみて（守）、オリジナルの隠し味を入れてみて（破）、自分好みの料理を開発する（離）といった感じでしょうか。

最初から自己流を目指すのは効率が悪く、教えてもらったことに従うほうが正しい確率は高いです。

成長とは、正しいフォームで学ぶことです。ただ、教えに従うだけでは、3つの問題が残ります。

1つ目は、言葉で教えてもらっても、相手の意図は正確には伝わらないということです。

2つ目は、教えを本当に理解するには、比較対象が必要となることです。

3つ目は、その人の背景によって望ましい答えも異なることです。

守・破・離の効果と副作用を理解した上で、教えてもらったことをある程度理解し、実行できるようになったら、今度はその教えを破り、異なる意見を学びましょう。視野を広げることで、自己流を見定め、教えから離れていけます。

成功も失敗も、理由の9割は人間関係

「本当は飲み会に行きたくないけど、断るのもなぁ」「先輩に誘われたし、参加するしかないかぁ」など、お願いを断れなかったり、自分からお願いできず悩んだこと、1度はあるのではないでしょう

か。私も職場で、仕事を振れず、残業してしまうこともあります。

　「人生の成功は、1割が専門技術、9割が対人関係」とも言われています。敵を味方に変えて、対人関係を向上させ、人生を成功に導くためには、どうすればいいのでしょうか。

　1つ目は、自分の感情をコントロールすることです。自分の感情をうまくコントロールして、相手の感情を大切にできれば、人を動かす力は飛躍的に伸びます。

　2つ目は、お互いの信念の違いを理解することです。「自分と相手の信念体系が大きく異なっている」という事実を認識することからスタートすることで、思い違いを避け、相手の言動を個人攻撃とみなさず、協調しながらやっていく方法を見つけられます。

　3つ目は、相手のプライドを尊重することです。相手の賛同を求めたいなら、相手のプライドに最大限の注意を払う必要があります。

　4つ目は、適切な雰囲気をつくることです。自分が主導権を握れれば、積極的に適切な雰囲気をつくって、建設的な話合いを始めることが可能になります。

　5つ目は、共感を示して気配りを心がけることです。共感を示して気配りを心がければ、相手は提案を素直に受け入れ、それに基づいて行動してくれる可能性が高くなります。

　わかってはいても、すぐ簡単にできることはないかと思います。そこで大事な考え方があって、効率と効果の違いがわかりますか。

　「効果」とは、所定の目的が、どれだけ達成されたかの度合いです。ゴールにどれだけ近づけたかとも言えます。

　「効率」とは、その目的の達成に当たって、どれだけ少ない費用・時間・手間で済んだかの度合いです。ゴールに近づくのに、どれだけ安く早く楽にできたか、ということです。

　AKB48の『紙飛行機』の歌詞にも、実は効率と効果について語っ

ている部分があります。「その距離を競うより　どう飛んだか どこを飛んだのか　それが一番 大切なんだ」。

　まず、ゴールにどうやったら達成できるかを考え、その上でどれだけそのプロセスを効率化できるか考えましょう。

お願いを断る3つの戦略

　私達は、人から褒められたり、認められたりするとうれしいものです。しかし、このことに慣れてしまうと、褒められないとお利口な行動をしなくなります。たとえ自分の気持ちと違っていても、他の人の期待に沿った行動をしようとしてしまうものです。

　私達は、人の期待を満たすために生きているわけではありません。他の人も私達の期待を満たすために生きているわけでもありません。

　例えば、目の前の子どもがなかなか勉強しなかったとしたらどうしますか。その子に勉強させようといろいろと試すかと思います。

　しかし、先のアドラーの教えによれば、勉強することは他人の課題です。子どもの代わりに勉強しても意味がありません。子の課題を抱え込むことで自分の心が疲れるし、自立した子にも育ちません。少し冷たいなと思うかもしれません。

　もちろん、親としての責任を果たすことは大切です。だから、子には本人の課題を伝えながら、「困ったときはいつでも助け舟を出せるからね」という見守る姿勢で接していくといいのでしょう。そうすると、自分の課題に集中できます。

　このような生き方は、他の人から嫌われるかもしれませんが、嫌われる勇気を持たない限り、自由には生きられないのだと思います。

ノーと言う勇気

　ここで「ノーとは、なかなか言えないよ」という人のためにヒン

トです。

　1つ目は、「No」と言うべきものをはっきりさせましょう。自分にとって大切な事柄をはっきりさせると、逆にどうでもいいことが何なのかも明確になります。自分が何に時間を使いたいのかがわからないと、「これに時間を割くのはムダだ」ということも見えてきません。自信を持って「No」と言うために、まずは自分が「No」と言いたい内容をしっかり把握しましょう。これが、すべての「Noを言うテクニック」の大前提です。

　2つ目は、「No」の前に感謝しましょう。頼み事をしてくる人が、あなたを見下しているというケースはまずあり得ません。助けてほしいと言ってくる人は、あなたを信頼し、能力があると見ています。だからこそ、まずは自分に頼み事やお誘いをしてくれたことに感謝しましょう。感謝すると「Yes」と言わなくてはいけないと心配かもしれませんが、そんなことはありません。

　3つ目は、断っても依頼主を否定するわけではない。たとえ断っても、声をかけてくれた人を否定しているわけではありません。そこをはっきりさせ、「仕事ぶりが素晴らしい」「わざわざ誘ってくれることに感謝」「心の広さが素敵」と相手に敬意を持っていると伝えましょう。埋め合わせにランチへ誘うのもいいかもしれません。しかし、無理に相手が好きなフリをする必要はないです。たとえ頼まれた相手のことが好きではなかったとしても、丁寧に、親切に接すればいいでしょう。「ああ、この人は僕自身を否定しているわけではないのだな」と相手に伝われば十分です。

信念 ＝ 人＋言＋今＋心

　自由に生きている人は、何か強い信念を持って行動している人をイメージするかと思いますが、実際はどうでしょうか。信念とはよ

く聞く言葉ですが、どんな意味があるのでしょうか。

　言葉を分解してみるとヒントがあります。人に言う、今の心。そう、信念とは、今の心を人に言うことです。いくらよいことを考えていても、それを口にしないと相手には伝わりません。

　つまり、言わなければ考えていないことと同じです。未来を憂えず、過去に囚われず、"今、この時"に心を集中しましょう。自分を信じ、未来を信じましょう。今、やるべきことに取り組むことが信念です。

　織田信長もこんなこと言っていました。「理想を持ち、信念に生きろ。理想や信念を見失った者は、戦う前から負けているといえよう。そのような者は廃人と同じだ。未来はすべて、今の結果。過去はすべて、今この時のため」と。

　先の「ニンジンタイプ」を私が選んだ理由も、U 理論にあります。絶対にカレーをつくるという意思が強過ぎると、いくら目の前に旬なイチゴがあったとしても、いくら外国人がお土産で持ってきてくれたカカオ豆があったとしても、不必要なので手元に置くことはできません。

　だからといって思うがままに食材を買っていては、お金は尽きてしまい、食べることができずに腐らせてしまい、消化不良になってしまいます。だからこそ大事なのが、どの食材が必要なのかを見極めるお買い物リストです。

　つまり、自分は常にどんな状態でいることが心地よいのか、満足感を得られるのかを知ることです。この自分に合った軸を見つける方法は第 5 章で紹介します。

　ここまでは理論めいたものを多く紹介してきましたが、次の第 3 章からは、具体的に私が実践してきたことについて、塾の先生らしくことわざをもじりながら、体験談を交えながら紹介してきます。

第2章

チャンスの
正しい求め方

1　千里の道も半歩から

【千里の道も一歩から】—どんなに大きな事業でも、まず手近なと
　ころから着実に努力を重ねていけば成功するという教え。
【千里の道も半歩から】—初めから成功しようと一歩を踏み出さな
　くても、何気なく踏み出していた半歩がやがて成功につながって
　いくという教え。

気づき力の原体験

　私は、小学校4年生になると、朝からカツ丼を3杯も食べる体重
58キロのおデブちゃんになっていて、父の影響で始めた野球のポ
ジションは、もちろんキャッチャーでした。

　小学校4年生で岡山県大会4度優勝に導く4番バッターに成長
し、小学校6年生でインドネシア野球代表のキャプテンとして世
界大会に4度出場し、中学校3年生で東京に戻ってきました。

　高校でも野球を続けましたが、レギュラーを取ることはできな
かった経験が、今思えばチャンスの「気づき力」の原体験となって
いました。

　それまで自分がプレーで活躍して目立つことが快感だった私は、
行き場を失い、チームから任されたポジションがブルペンキャッ
チャーでした。試合前のピッチャーのキャッチボール相手です。

　そんなあるとき、1年生の秋季大会で強豪校と対戦することにな
りました。いつもどおりキャッチボール相手をしていたピッチャー
が、あまり調子がよくありませんでした。そこで、様々なアドバイ
スやキャッチングなど工夫をして、いざ登板となるときに「お前な
ら大丈夫、できる」と声をかけて見送りました。

すると、格上相手に三振を奪い、見事三者凡退に抑えました。試合後に、そのピッチャーから「お前の一言でふっきれたよ。ありがとう」と声をかけられました。

　そこで、私の野球観が大きく変わりました。「そうか、グラウンドにいなくてもチームに貢献できる方法があるのか。ちょっとブルペンキャッチャー極めようかな」と、当時の野球坊主は思ったのです。

　そこからというもの、ピッチャーのために少しでも球速が早く見える投げ方や変化球の研究など、交換ノートを通して、2人1組で試合に臨んでいきました。

いつかを今からに

　これらの高校野球から、「自分が活躍するより、活躍する人を育むことのほうが面白い」という価値観は、今の私に深く根強いています。「千里の道も一歩から」とよく言いますが、私は半歩からでよいと思います。何なら右足を上げることからでもよいと思っています。

　ドミノ倒しも、1つ目を倒せば2つ目3つ目と自動的に動き出してしまうように、「これは面白いかも」と何か自分の中で意味づけられたものから動いていくことで、何かに気づけるようになります。

　目標を立ててそれに向かうとき、当然ゴールを見ていますが、遠い先ばかり見てはいけません。あまり遠くを見ていると、現実とのギャップで我に返ってしまうのは、人間の心理としては当たり前です。

　「着かなくてもいいじゃないか」という考えで、行動も最初の小さなアクションさえ後回しにすることなく取ることができれば、ど

んどん次の行動、そのまた次の行動を取ることができます。

　「あれをやっておけば」と後悔することのない人生、自分のなりたい自分になれる人生は、「行動力」によってしか切り拓くことはできません。

　「ウサギとカメ」で、最終的に勝ったのはカメですが、なぜ勝てたのでしょうか。ヒントは、それぞれが見ていたものが違うことです。正解は、「カメを見ていたウサギ、ゴールを見ていたカメ」ということです。

　カメを見ていたから自分のペースを調整してしまったウサギに対し、ゴールだけを見ていたからウサギに影響されなかったカメから学べることは、「比較するのは他人ではなく、理想の自分」ということではないでしょうか。

変化はゆっくりゆっくり

　人には、ホメオスタシスという性質があります。これは、「変わらないのは、本当は変わりたくないから」という一見矛盾に聞こえる内容ですが、これが本質だと思います

　皆さんも、英語を勉強しようと思って毎日３時間勉強しても３日で挫折したり、ダイエットしようと思った矢先に友達に誘われてタピオカ飲んでしまったりしたことがあると思います。私も筋トレが長く続いた試しはありません。

　このように、人間の意志は弱く、急に重い負荷をかけても効果はありません。だからこそ、変化は、「ゆっくりゆっくり」がポイントです。

　人は、常にその状態でいようとする性質を持ち合わせているので、「ガーンと上がればドーンと落ちる」のが普通です。私も今では読書習慣がついていますが、初めは「本を読もう」としたのではなく、

「電車に乗ったらスマホをカバンに入れて本を開く」とルール化しました。すると LINE を気にすることなく、暇なので目の前の開いてある本を読んでしまい、習慣化しました。

　何か新しく習慣づけしたいときには、今ある習慣にセットでくっつけることがおすすめです。

地道が近道

　次の数式を見てください。

　「$1.01^{365}=37.8$　$0.09^{365}=0.03$」

　つまり、昨日より今日 1.01 ％成長した人と、1.01 ％衰退した人では、1 年後に約 1260 倍の差があるということです。仮に、自分はサボらなくても、相手が 1.01 ％成長し続けていれば、約 38 倍も差がつけられてしまうということです。

　口では簡単に言えますが、実際に行動に移すのには躊躇してしまうときには、始めの半歩を踏み出すことの重要性をドミノと一緒に思い出してください。

　それと一緒で、最初さえ踏み出してしまえば、あとは流れに身を任せれば案外何でもうまくいくものです。

　もし、踏み出してみてだめだったら、違う何かで頑張ればいいでしょう。なぜ行動を躊躇してしまうかを紐解くには、人の「記憶」にヒントが隠されています。

　行動の先に待つ未来の出来事や自分をイメージする「未来記憶」、過去にできなかったことを考えて行動にブレーキかける「過去記憶」、目先の忙しさを言い訳にして先延ばしする「現在記憶」の 3 つの記憶があります。

　行動する人は、この「未来記憶」をうまく利用して、行動したくてたまらなくなる感情を自ら芽生えさせます。

　行動しない人は、過去記憶に囚われ、現在記憶に言い訳し、先延ばししていきます。

　コツは、行動力ではなく、行動を楽しむ力です。そのためには、行動ではなく、感情を変えることです。

　例えば、辞書で「そうじ」と引いても、「面倒くさい」とも「気分転換になる」とも書いていません。「掃除すれば、部屋がきれいになって、心もきれいになって、毎日が楽しくなりそう！」と、過去・現在記憶よりも未来記憶を増やしていくのです。記憶は質より量です。

のび太の生き方

　なかなか行動しないでダラダラしている人をイメージすると、真っ先に思いつくのがドラえもんに登場するのび太でしょう。

　ただ、私は、あのひみつ道具にはメッセージが込められているのではないかと思います。初めは上手く機能してのび太も喜ぶものの、道具が故障したり、使い過ぎたりして根本的には解決していないので、結局は最後的に自分で問題解決に対処していきます。

　自分のいいところを伸ばしたり、潜在能力を覚醒させたりする触媒のようなもの、それがひみつ道具だという見方もできます。ひみつ道具によって苦手な課題を克服した経験がたくさんあり、達成感を疑似体験することによって「未来記憶」が増えます。

　運動不足の人は、運動の爽快感を体験していません。成功体験によって意外に軽くハードルを越えられる瞬間があります。達成感や爽快感が体を覚えることによって、苦手意識は克服できます。

　私も大学時代、駅でエスカレーターではなく階段を使う習慣を持とうとしました。初日は勢いよく昇り始めるのですが、３日も経つとエスカレーターの誘惑に負けそうになったり、きょうは疲れてい

るからと言い訳を考えついたりし始めました。

　そこで、体重計に乗ってみると、実際に数キロ痩せていました。そうなると、次の日に目の前にエスカレーターがあっても、「現在の小さな楽さ」より「将来の大きな楽しみ」を優先することができました。

　ドラえもんの世界のように、実際に達成経験を積むことはできなくても、頭の中の妄想力で達成を疑似体験することができるのです。

思い込みが始まり

　夢を叶えるためには、のび太がドラえもんを頼るように、周りの人を感動させ、巻き込むことです。自分の頭で考え、自分の力で切り抜くと、共感できる夢を持ち、その夢に対する熱意が周りに伝われば、協力者が現れ、夢は叶います。

　暗く落ち込まないのは、リアリティのある夢を描き続ける点にあって、ジャイアンにからかわれ、コンクールで優勝することができるかわからないのに約束して練習します。

　身近な小さな夢から遠大な夢まで心に描いてチャレンジし続けることこそが、知的好奇心を持って、周りを見渡し、夢の種は無限にあると気づきます。

　「僕だって」という気持ちがある限り、夢を見続け、実現するエネルギーは枯渇しません。一時的には実現しますが、本人の努力や実践が最も大切なことを示してくれます。

　プラスのベクトルを持った「負けん気」は、夢を実現する情熱で夢を引き寄せ、人に何か自慢されて悔しいと思ったら、必ずのび太はそこで行動します。

　夢をただ頭の中でぼんやり考えるだけではなく、声を出して自己宣告することが重要です。

　自分の力の限界を初めから線引きするようなことは決してせず、ちょっとした思いつきから、失敗を恐れることなく、即行動に移すのがのび太の強みなのです。

2　能ある鷹は爪を出す

【能ある鷹は爪を隠す】―才能や実力のある者は、軽々しくそれを
　見せつけるようなことはしないという教え。

【能ある鷹は爪を出す】―才能や実力があることを積極的にアピー
　ルすることで、よりその才能や実力が磨かれていくという教え。

弱みと強さは紙一重

　「自分の強みって何だろう」、そんなことを誰しもが１度は考えたことがあるでしょう。もしかしたら、ちょうど今タイムリーに悩んでいる方もいるかもしれません。

　私も、行きたかった学部に進学したものの、野球しかやってこなかった私としては、自分の強みは何なのかわかりませんでしたし、もっと言えば野球とアイドルで頭が一杯だった私としては、自分の強みを真剣に考えたことすらなかったのが正直なところです。

　そんな私でも、弱みはありました。昔から両親や先生から、「しつこい」と言われ続けていました。

　私の両親は、よく「魔の２歳」と表現するのですが、タイにいた頃、母がお買い物に行っている間に家族中の靴を冷蔵庫で冷やしたり、カーテンの裏でうんちをしたり、横断歩道の赤信号で寝転がったりと、挙げたらきりがないくらい迷惑をかけていたそうです。

　もちろん、最初は、母はその度に叱ってくれていたようなのですが、いつしか「これだけ言っても言うこと聞かないなら、好きなよ

うにやってみろ」と切り替えたそうです。

　すると、母親としては気持ちが軽くなり、私としても何度も頭を打ったり友達と喧嘩したりしながらも楽しく遊んでいたようです。

　そう、母親は、私の「しつこい」という性格を「意志が強い」と解釈を変えて私に接してくれたのです。今ではよいように言ってはいますが、当時はそんな状況ではなかったと思うので、両親に対して謝罪とともに感謝の気持ちで一杯です。

性向が成功を生む

　この事例から私達が学べることは、弱みの見方を変えて強みにするということです。誰でも自分自身の嫌いなところや直したいところ、弱みを持っています。

　しかし、弱みというものは、少し見方を変えるだけで強みにもなる性質を持っています。

　例えば、人見知りであることは弱みだとします。初対面の人と話すのが苦手で、知らない人がたくさんいる場所に行くと頭が真っ白になってしまう状態です。

　しかし、人見知りの特徴として、他人の心の機微に敏感なので、気遣った発言ができるという特徴があります。コミュニケーションに対して慎重になり過ぎるあまり、他人の心の動きを察知することに長けています。

　他にも、「飽きっぽい→気持ちの切替えが早い」「いい加減→決断が早い」「意地っ張り→他人に流されない」「内気→慎重」「器が小さい→細部まで気を配ることができる」「臆病者→人の心に寄り添える」「おせっかい→世話好き」などが考えられます。

　私たち日本人は、特に強みを人に伝えるのが苦手だと感じています。理由は、自分を肩書や所属でアピールしたがるからです。私が

台湾留学中に受けていた授業で、「I am ○○」に入る単語を思いつく限り書く時間がありました。すると、日本人・韓国人と欧米・欧州人では、その答えに明確な違いがありました。

　日本人・韓国人は、「student」「brother」「21 years old」と答えたのに対して、欧米・欧州人は「optimistic」「funny」「diligent」など、性格や強みなどパーソナルな回答が目立ったのです。

　どちらがよいか悪いかではありませんが、グローバルとの違いを感じた瞬間でした。

　何より弱みを克服するときは大変ではありますが、強みを伸ばしているときは努力感なくできます。努力より工夫が大切な時代です。

弱みは克服するのではなく補う

　弱みは、強みを持っている人と組んで補いましょう。逆もしかりです。

　私は、台湾留学を終えると、徳島県上勝町で日台古民家ツアーを開催しました。私は、留学したものの、中国語は一向に上達しませんでした。

　しかし、ツアーを通して多くの台湾人に古きよき日本を知ってほしいという思いは強くありました。ちなみに上勝町を選んだ理由は、台湾留学の１か月前に、日本の伝統文化を知ろうと阿波踊りを体験しに行った矢先で、たまたま古民家再生する現地の地域おこし協力隊の方とその古民家で映画製作した監督と出会ったことがきっかけでした。

　もちろん、ツアーは、中国語が必須なため、私は初め中国語の習得に力を入れましたが、中国語が話せる現地の日本人大学生と開催すればよいと考えて、２人が仲間になりました。

　１人は、旅行会社に就職を考えているため、ツアー開催経験を積

みたいという男の子で、もう1人は、まだ知らない日本を台湾人と共に体験したいという女の子でした。

　そして、無事ツアーは成功裡に終わりました。自分の強みは何かを仮に決めて、積極的に使っていく中で、それが本当に自分の強みになるのかがわかっていきます。

　いつまでもこれが自分の武器だろうと思って隠していては、いざ使いたいときに意外と対して武器ではないことが判明したり、腐って使いものにならなかったりするものです。

　さらに、弱みを曝け出すことも強みになります。人間は、誰しも完璧な人に魅力を感じるのではなく、人間らしいところに親近感を抱くのだと思います。

　例えば、青汁でも「苦いけど、健康によい」なら、少し苦いほうが効くのではないかと思う人が多いでしょう。人間も同じです。これを心理学的に「自己開示」と言います。

　自己開示された相手は、「これだけ話してくれたのだから、こちらも何か話さなきゃ悪いな」と感じます。あなたの「爪」は何ですか。

決定が先、方法が後

　いざ強みで弱みを補い合える仲間「パワーパートナー」を組むときに、皆さんならどのような判断基準を持つでしょうか。

　その人の強みや弱みがわかってから、自分に必要かどうかを判断して、その人にとっても効果的かも考えて、仲間たちと議論してと、答え出すのに何週間もかかってしまうこともあると思います。

　私がCatalystを創設したときにも、1人のパワーパートナーがいました。彼とは、創設前から国際協力団体の代表同士として交流があり、お互い代表を引き継いだら、「一緒に組もう」と決意していました。

　そう決意したのは、お互いがお互いの弱さを知ったときでした。私たちは、自分のリーダーシップを過信し過ぎるあまり、周りとの壁をつくり、信頼関係が築けず、距離が離れて脱退するメンバーも増えて、組織崩壊の逆境に立っていました。

　互いに、外から見れば煌びやかな存在として映っていたからこそ、「お前でも、そんな失敗していたのか」とより信頼が増していきました。

　いざ組んでからも、行動派の私は、具材を調達するかのように、様々な人と繋がったり、情報を仕入れてきたりしていきました。

　一方、思考派の彼は、私が調達してきた具材を料理するかのように、その人との Win-Win な交渉を戦略立てたり、その情報でマネタイズやマーケティング分析したりしていました。

　この役割分担、初めから決めていたのではなく、やっていく中で最適な立ち振舞いが見つかっていきました。

　結果を先に決めて原因を創るという、決然とした意志で結果を先に決めて、動きながら条件・状況を整えていくのが、「ニンジンタイプ」の生存戦略でしょう。

見落としがちな武器

　人には、得意・不得意、向き・不向きがあるため、自分の性格や能力に合った仕事探しをすることが大切です。

　適職に就いている人は、自分の得意分野を活かせるから、仕事がスムーズに進み、仕事にやりがいを感じやすくなり、知識を身につけようという意識が高い傾向があります。

　武器とは、無意識に繰り返される思考、感情、行動のパターンのことです。自らの武器は、自らが発掘するしかありません。つくるのではなく、探し出すのです。答えは、自分の中に既にあり、強み

は最初から完成された形で現れるわけではありません。

　具体的な探し方としては、まず自分の性格をノートに書き記してみましょう。自分がわからないところが武器です。弱点と思っているところが武器です。無意識的にやってしまうことが武器です。変えたくても変えられないところが武器です。なぜか常日頃やってしまうことが武器です。自分が武器と認識できないところが武器です。「あの人は、なんでこんなこともできないのか」と思うところが武器です。自分が当たり前だと思っても、周りは当たり前じゃないものこそが、「自分の武器」の源泉です。

武器の見つけ方

　先のノートへの書出しで、まだピンと来ていないという人は、これから出す２つの質問に答えてください。「感情が表に出るほうですか、出ないほうですか」「人と会話するときに話すほうですか、聞くほうですか」。

　これは、ソーシャルスタイル理論という考え方で、この２つの質問で人間の特性を４つに分けることが可能になります。

　まず、感情を出さず話すほうと答えた方は、「ドライビングタイプ」です。常に冷静で戦略を立てるのが得意です。決断力にも優れ、意識決定が早いほか、意志が強く、周囲の意見や環境の影響を受けにくいことから、前進型かつ行動派と言えます。

　次に、感情を出さず聞くほうと答えた方は、「アナリティカルタイプ」です。常に冷静で、データの収集や分析が得意です。思慮深く他者の意見の取入れが上手いほか、何事にも論理的に考えるため周囲に振り回されないことから、分析型かつ思考派と言えます。

　続いて、感情を出し話すほうと答えた方は、「エクスプレッシブタイプ」です。新しいことを好み、発想や想像が得意です。意思決

定が早く、細かいことを気にしないほか、面倒見がよく、周囲のモチベーションを上げることから、直感型かつ感覚派と言えます。

　最後に、感情を出し聞くほうと答えた方は、「エミアブルタイプ」です。和やかな雰囲気を好み、人間関係の構築が得意です。聞き上手で人の意見を積極的に取り入れ、周囲の変化に敏感で困っている人がいれば助けることから、温和型かつ協調派と言えます。

　これらのタイプ分けで、相性のよい組合せや気をつけるべき関係構築の仕方は第３章の「二兎を追う者のみ二兎を得る」で、タイプ別の志の立て方やその志を実現しやすい仕事は第５章「少年よ、大志（仮）を抱け」で紹介しています。

武器の活かし方

　さて、大まかな４タイプに振り分けたことによって、大体の自分の武器が徐々に見えてきたのではないかと思います。

　それでは、次に見つかった武器を、どう活かすかを考えます。武器を活かすも殺すも、この考え方を理解しているかどうかにかかっています。先のソーシャルスタイル理論を用いて、その詳細を見ていきます。

　まず「ドライビングタイプ」の人は、１人ひとり異なる強みを持つ人達を同じ目標に向かって一致団結する術を心得ていますので、同時に複数のことをこなさなければならない環境を好み、相互の信頼と協力関係を基準にチームをつくるのが得意です。また、できる限り裁量の余地をもらうと、目立つことや認められることが大好きなので、根本的な修正を行おうとする的確なフィードバックを望んでおり、最も優秀な人達とともに働ける環境で才能が開花します。

　次に、「アナリティカルタイプ」の人は、社内研修や新入社員の教育係を担当すると、管理職に適した能力を備え、見込客を常連客

にします。また、調査を通じて知識が増えることに喜びを覚え、システムが完備していれば時に応じて必要な情報を確実に得ることができます。

　続いて、「エクスプレッシブタイプ」の人は、個人と接することを苦痛と思わないので、目的にかなった愉しい行事を考え出します。人との出会いがこの人のエネルギーの原点なので、相手の緊張をほぐし、企業に対する好印象を与えることが得意です。

　最後に、「エミアブルタイプ」の人は、1人ひとりの内面を聞き、問われなくても抱えている疑問を察知し、成長させる指導法を発見できるので、他人の感情を敏感に察知するのが得意で、心の奥底ではどう思っているのかを尋ねる役割が適合です。また、個人の特性より集団の特徴を掴むことに力量を見せるので、観念的な仕事より、結果が明確にわかる仕事や何かを決定する仕事の方が向いています。

これからの生存戦略

　それでは、次にこれからの時代をどのタイプで生き抜くかどうかを診断していきましょう。

　今、皆さんの前には魚が取れる海が広がっており、この資源を使ってお金儲けしようと考えています。皆さんなら、どれを選択しますか。

・A　1人で遠くに運んで売る！
・B　1人で多くの魚を取る！
・C　高く売れる魚をつくり出す！
・D　新たな漁獲の仕組をつくる！
・E　投資家として市場に参加する！
・F　多くの漁師を配下に持つ！

　正解を発表すると、生き残るのはＡとＢ以外です。その差は、仲間を味方につけられるかどうかです。

　Ａの考え方の人は、取れた魚をほかの場所に運んで売ることができる漁師で、魚が取れない山の上の村まで運び、畑でとれた野菜と交換したり売ったりします。しかし、商品を右から左へ渡すことで稼ぐ企業は、この先は経営が苦しいと言われています。

　Ｂの考えの人は、自分の専門性を高め、高いスキルによって、１時間かけて10尾の魚しか取れないところを１人で20尾取ります。しかし、生産性革命の時代や国家間での貿易で儲けていた時代にはヒーローでしたが、「モノ」消費から「イミ」消費に変わった現代では、価値が高くありません。

　Ｃの考え方の人は、「アナリティカルタイプ」です。時流を見極めて、状況の変化に合わせて自分の商品やサービスの信者をつくり出す能力が高いです。規律や努力主義が重視される堅実努力な環境が最適です。

　Ｄの考え方の人は、「エクスプレッシブタイプ」です。いろいろな専門技術を知ってその組合せを考えたり、常識とされていることを書き出し、その反対のことを検討したりします。自由でやりがいのある大胆活発な環境が最適です。

　Ｅの考え方の人は、「エミアブルタイプ」です。自分自身がリーダーとして漁船を率いることもありますが、基本的に表に出ません。規律の中でも個人の自由がある闘志内包な環境が最適です。

　Ｆの考え方の人は、「ドライビングタイプ」です。従うことで多くの漁師が安定した漁獲高を確保でき、優秀でない人をマネージするスキルのほうが重要です。自由度があるが規律もある表層活発な環境が最適です。

　「能ある鷹は爪を隠す」と言いますが、これからの時代は、出して、

研いで、使っていなければなりません。そして、その強みも環境が変われば弱みに変わります。

　どれだけ塗っても剥がれてしまう粘着度の弱いノリを求めている商品があります。それは何でしょうか。正解は、ポストイットです。今いる環境では弱みでも、環境が変われば強みに変わってしまうこともあります。そのような環境での生存戦略は、どのようなものがあるのでしょうか。

3　郷に入っては GO に従え

【郷に入っては郷に従え】―その土地やその環境に入ったならば、
　そこでの習慣ややり方に従うのが賢い生き方であるという教え。
【郷に入っては GO に従え】―その土地やその環境の習慣ややり方
　を懐疑的に捉え、自分の本心に従うのが賢い生き方であるという
　教え。

勝てる土俵で戦う

　東京で野球を始めていましたが、これといって野球の才能があったわけではありませんでした。転校した岡山で、最終的に4番バッターとしてチームを県大会4回優勝に導きました。

　そこで気づいたのは、「スキルが変わらなくても環境が変われば活躍できる」ということでした。

　そして、小学校6年生のときに転校したインドネシアで世界大会に4度出場することになって、その気づきが確信へと変わりました。

　まず、勝つ喜びを知って、「自分は凄い」と勘違いすることに意味があります。その後も、大学生になった私は、社会人が集まるイ

ベントに唯一の学生として参加して名前を売ったり、４年で卒業する友達が多い中で、台湾留学しながら現地のインターン先で事業を立ち上げたり、年上の方々が多い業界で学生講演家としてデビューしたり、同期が東京で勤務する中あえて東北で勤務希望届けを出したり、新卒１年目から複業しながら自分の市場価値を高めていったりと、地域や業界や世代を変えて、珍しがられることを第一に考えて、戦う土俵を選んできた人生でした。

　スキルや才能が高くなくても、可愛がられることで希少価値が高まり、チャンスの打席が人より多くて得をしてきた人生だったと思います。

　地域活性化で必要なのは「ヨソモノ、ワカモノ、バカモノ」と聞いたことがあります。地元の人が気づかない地域のよさを知っているのは外部の者であり、そのよさに気づいて実行できる体力のあるのは若さが武器であり、周囲を巻き込んで革新的なアイデアを創出していくのは常識にとらわれない考え方であるということです。

　汗水かいて努力する時間があるならば、勝てる土俵を選ぶことに時間をかけることで唯一無二の価値づくりができます。

数字を現地語で言えるか

　ただ、郷に入っては郷に従うことは、もちろん大切です。私は、２年間フィリピンのセブ島で国際協力に携わっていたので、その重要性についてはよく知っています。初めは、集会を開いて、私たちが指定した時刻で、襟つきのシャツを着て進行どおりにニーズ調査をしていましたが、一向に信頼関係は深くなっていきませんでした。

　そこで、現地の住民が住んでいる場所で、実際に食べている物を食べながら、文化として根づいている昼寝の後に合わせ、現地の言葉で挨拶をしながら質問していくと、全く違う真のニーズが浮き彫

りになる体験がありました。

　それで感じたのは、「フォーマルな場ではフォーマルな回答しか出てこない」ということです。ポイントは、どれだけ同じ体験をしているかです。

　観光で日本に来た外国人が、日本食を食べて、慣れない日本語で「オイシイデス」と言われたら嬉しいように、私達は寄り添ってくれる人に寄り添おうとします。

　実際、私も海外13か国を訪れてきましたが、現地の言葉で「ありがとう」「美味しい」「1・2・3」だけは最低限覚えるようにしていました。

　「ありがとう」は、サンキューでもよいのですが、やはり現地の言葉で伝えたほうが覚えてきてくれたと事前の努力に感動をしてくれます。

　一緒に食事をするということは、「私はあなたに心を許しています」というメッセージも込められます。その喜びの瞬間を「美味しい」と現地語で伝えることで、心の距離が一気に縮まりますが、多用し過ぎるとどんどんおかわりが来てしまうので乱用注意です。

　「1・2・3」を覚えておくと、写真撮影時に「ワン・ツー・スリー」よりも盛り上がります。

　このように、どれだけ郷に入っては郷の体験をするかによって、「ヨソモノ、ワカモノ、バカモノ」の効果が最大限に発揮されます。

One of them?　One for them?

　「楽○○生きる」。あなたは、○○に何という文字を入れましたか？恐らく2通りの回答に分かれたかと思います。「楽して生きる」か「楽しく生きる」。どちらが幸せかは、自分で選んでいただいて構いませんが、本書のテーマである「チャンスに気づく人」になる方に

は、「楽しく生きる」を入れてほしいところです。

　欅坂46『サイレントマジョリティー』の歌詞の中に私の好きな言葉があります。

　「君は君らしくやりたいことをやるだけさ　One of them に成り下がるな」

　言いたいことがあったら言わなければならないし、何か言わないと何も考えていないと同じことです。

　サイレントマジョリティーではなく、ノイジーマイノリティのあなたに、チャンスの女神は気づいてくれます。

　なぜ One of them ではいけないのでしょうか。もちろん、楽なのは、One of them です。自分の意思決定を他人に依存することで責任を転嫁することができます。

　何か問題が起きても責任を取る必要はないので、誰かについていったほうがストレスもありません。しかし、それで本当に後悔はないでしょうか。

　私は、外出自粛期間中にゲームをする機会が増えました。少し楽をしようと、ゲームのコントローラーをコンピュータにお任せモードにして負けたときは、とても悔いが残ります。自分で戦って負けたのであればまだしも、コンピュータに任せて負けると納得感がありません。

　これは、私の人生のテーマでもありますが、「後悔なき航海」をするには、その支配権の主を自分に設定することが、One of them にならないヒントです。

「リアル翔貴」に聞く

　ここで、私が作詞した『後悔なき航海を』という歌の一部を紹介します。

「しなきゃ」ではなく「したい」で生きよう　何とかなるから何となくで進んでみよう

「面白そう」「楽しそう」で飛び込んでみよう 心の声が叫んでるから本音ぶっちゃけよう

自分の心の声にバカ正直であれということです。女の子だからとか、まだ学生だからとか、出身地ではないからとかは関係なく、ハートの声で生きるということです。

私が初めての一人旅でインドに行ったときに、「リアル翔貴」を大切にしようと思いました。

ジャイプールでの孤児院ボランティアを2週間終えて帰国しようとするときに、飛行機の乗換えに失敗して、現地でチケットを取ろうとしてもクレジットカードが使えず、本気で「このまま一生日本に帰れないのかも」とパニックになりました。

その晩は、仕方なく空港で1泊することになったのですが、「命を狙われるのではないか」と眠れなかったことを今でも覚えています。

帰りの飛行機で、「あのまま帰れず、インドで死んでいたらどうなっていたのだろう」と自分の葬式の姿をイメージしていました。あの経験で、自分の死を強く意識し、人生の最後に、「誰からどんな言葉をかけてもらいたいのか」と人生について深く考えるようになりました。

これが最後と思い、いつも「今」に「心」を込めて、「念」を込めて生きましょう。何もかも大丈夫だとしたら、本当はどうしたいかを考えましょう。

違ったら、やめればいいじゃん

数年前に、たまたま観ていたテレビ番組で、湘南乃風のSHOCK

EYE を待ち受けにすると幸運が舞い降りてくると聞いて、半信半疑ながらやってみたことがありました。

　すると、インタビュー取材が決まったり、大学での講演が決まったりと、本当にラッキーな出来事が起こりました。

　正直「そんなことで変わったら、皆人生勝ちゲーでしょ」と思っており、「ダメ元でも1週間やるか」というノリで始めました。

　この「とりあえずやってみる精神」が行動の種です。AかB迷っているのであれば、とりあえずAやってみましょう。違ったら、Bに変えれば問題ありません。どっちにしようかなと迷っている時間がもったいないし、迷っていたら「Cもいいな」となります。

　自分にとって何が必要か、人生から逆算するのもいいかもしれませんが、正直その生き方が疲れる人もいるかと思います。「やりたいからやりたい」「会いたいから会いたい」「好きだから好き」で立派な理由です。

　今思えば、あのラッキーな出来事は、待ち受けにしていなくても起きていたかもしれません。ただ、待ち受けにしたことで、何かウキウキワクワクし、何かチャンスくるかもしれないと思う心が大事だったのかと思います。

　何かよいことがあって嬉しくなったり、何か悪いことがあって悲しくなったりするのではなく、常に心をよい状態にしておくから、よい結果が起きるのだと学びました。

　「リアルあなた」の本心に耳を傾け、One of them ではない、本当の自由を手に入れ、イキイキしている人にチャンスは寄ってくるのでしょう。

安心・安全空間をつくる

　今日これだけ SNS が普及したのは、承認欲求を満たしたいとい

う人がそれだけいるということを象徴しているのだと思います。

　戦時中もしくは戦後間もない頃は、明日何を食べて生きようか、どこで寝床を確保しようかと、生理的欲求が価値観のど真ん中にあったのだと思います。だから、その価値観で生きてきたおじいちゃんおばあちゃん世代は、「ちゃんと飯食っているか」と心配してきてくれます。

　その後、経済成長した頃は、快適な衣食住で生活したい安全欲求や、よい会社に属しよい家庭を築きたいという社会的欲求が価値観のど真ん中にありました。

　だから、就活の際にお母さんお父さん世代からは、「その会社は給料よいのか」と心配されます。

　しかし、SNS で簡単に気の合う人といつでも繋がれる時代になった今、その所属先のコミュニティーで「認められたい」という欲求充足への期待が高まってきました。

　このマズローの5段階欲求によれば、承認欲求が満たされれば、勝手に自己実現欲求、つまりやりたいことが見つかるというのです。

　講演会で、「やりたいことはどうすれば見つかりますか」とよく聞かれますが、私は「親との関係をよくすること」と答えます。

　私の経験則ではありますが、自分の志に生きている人は、たいてい家庭環境がよいです。私は、愛に満ち溢れた家庭環境でヌクヌクと育ってきました。

　何かあったとしても、いつもと同じように暖かく出迎えてくれる場所があるからこそ、外でノビノビと活動することができました。本当の自立をするには、依存が必要です。

最高のパフォーマンスを発揮できる環境づくり

　人には、3つのレベルの環境があります。

　1 つ目は、コンフォートゾーン（安心・安全ゾーン）です。努力を要しないほど成功確率 80% 以上の簡単にできるレベルです。

　2 つ目は、ストレッチゾーン（少し頑張るゾーン）です。成功確率 50 〜 80% の困難を伴うために、ミスを連発してイライラするレベルです。

　3 つ目は、パニックゾーン（パニックになるゾーン）です。成功確率 50% 未満の困惑と絶望に悩まされるレベルです。

　コンフォートゾーンがなければ、いざ挑戦しようとしたときに後戻りできないので、ストレッチゾーンではなくパニックゾーンになってしまいます。

　スポーツでも、ホームグラウンドでの勝率が高いのは、例え三振してもまた応援してくれると思うからフルスイングができるのです。もし、空振りでもしたらブーイングの嵐だと、スイングするのも躊躇してしまいます。

　私が、起業ではなく就職したのも、この考えからです。毎月サラリーが定期的に入ってくることで、こうして本を執筆できたり、自由に講演活動もできたりします。

　これがもし起業していたら、自分の生活を保っていかなければならないので、過度なストレスを抱えたり、マネタイズを考えながら活動したりしていかなければなりません。

　今、私にとって、サラリーマンしながら個人活動できるのは、「ノーアウト満塁のノースリーでフルスイングできる」状況です。2 球見逃したっていいし、凡打だとしてもゲッツー崩れでチャンスは続くし、外野フライでも 1 点入るし、満塁ホームランだとラッキーと思えるくらい気持ちに余裕ができます。

　収入を増やすことが目的ではなく、充足感を増やすことが複業の醍醐味なのだと思います。

直感を信じよう

しかし、チャンスに気づけるようになるには、コンフォートゾーンの外に目を向けなければなりません。「お金持ちになりたい」と思っていても、なかなかお金持ちになれないのは、その状態がコンフォートゾーンになっているためです。自分の能力に対するセルフイメージを変えなければなりません。

年収 500 万円の人が来年 2,000 万円にしたいのであれば、年収 1,200 万円がコンフォートゾーンになります。年収 1,200 万円のセルフイメージができれば、年収 500 万円の人と一緒にいることがつらくなっていきます。

コンフォートゾーンが変わると、現状では達成できそうにないゴールを探すようになり、「今の自分ではとうてい達成できないけど、こうなりたい」と思うようになります。

環境を変える前に、その移った先の環境でのセルフイメージを変えておかなければ、簡単にリバウンドしてしまいます。

コンフォートゾーンが変わり、「チャンスかも」と何となくと思ったら、その直感を信じましょう。そこに、やるべきことの最短ルートが潜んでいます。

情報量の単位ビットで換算すると、潜在意識は 1000 万ビット、顕在意識は 40 ビットと言われており、潜在意識は無意識に隠れています。

1 つの素早い行動が、運命をも変更するエネルギーとなっていきます。「郷に入っては GO に従え」というのは、科学的にも証明されているのです。

この章では、チャンスの求め方ということで、ハウツーや理論めいたことが多かったのですが、次章では考え方やマインドなど、より私の経験談から導かれた教訓などもご紹介していきます。

オーラを醸し出す

　キング牧師は言います。「力なき愛は無力であり、愛なき力は暴力である」と。また、一場翔貴も言います。「志なき力は孤独であり、力なき志は寝言である」と。志がないと、いくら力あっても仲間は巻き込めません。力がないと、いくら志があっても実現できません。その志を構成する1つの要素に「オーラ」も含まれると考えます。

　オーラのある人には、特徴が4つあります。

　1つ目は、自信を持っているが威張らないこと。オーラを有するには、自信を持つことが何より大事です。事実、オーラがある人は見せかけではなく、本物の自信を持っています。本物の自信というのは、過信せず、偉ぶることもなく、自然体でいられることです。

　2つ目は、明るく感情の表現が豊かであること。オーラを持つ人は、人を惹きつけますが、それは明るい雰囲気を持つことも要因です。心に余裕がある人は、明るい雰囲気を身にまとい、滅多なことで怒らないです。ただ単にテンションが高いという見せかけだけの人では、こうしたオーラはありません。

　3つ目は、ゆっくり、はっきりと大きな声で話すことです。自信がある人は、自分の主張に迷いがないから、自然と声は大きくなります。また、他人に対してゆっくり、はっきりと話すことができるようになります。大きな声だからといって余計な威圧感を与えないのも、オーラがある人の特徴です。

　4つ目は、視線を相手としっかりあわせられることです。目は口ほどに物を言うとされます。実際、他人と話す際に目をそらすような人とは会話がしづらく、相手の主張がわからないこともあります。逆に、自分の目を見て語りかけてくる人であれば、たとえ言葉足らずでも、十分に主張を理解できます。

　まず今からできることは、姿勢をよくすることです。

第3章

チャンスを
掴める人になるための
マインドの磨き方

1　二兎を追う者のみ二兎を得る

【二兎を追う者は一兎をも得ず】—欲を出して同時に2つのことを
　うまくやろうとすると、結局はどちらも失敗するという教え。

【二兎を追う者のみ二兎を得る】—欲を出して同時に2つのことを
　やりたければ、仲間と共にどちらも成功に向けて行動を変えれば
　よいという教え。

自分と異なる適性を持つ人

　チャンスに気づくには、何も自分1人でアンテナを張る必要はあ
りません。「これチャンスなんじゃない」とアラートしてくれる人
が周りにいるだけで、チャンスの順番は多く巡ってきます。

　そこで、第2章の「能ある鷹は爪を出す」で紹介したソーシャ
ルスタイル理論の相性のよい組合せを発表します。

　結論から述べると、基本的に相性がよい傾向にあるのは、「ドラ
イビング＝アナリティカル」と「エクスプレッシブ＝エミアブル」
です。

　「感情を出すか出さないか」は思考、「話すほうか聞くほうか」は
行動を診断していました。

　つまり、同じ思考で違う行動のタイプ同士、似て非なる者に惹か
れ合うということです。

　逆に、違う思考で同じ行動のタイプ同士、「ドライビング≠エク
スプレッシブ」と「アナリティカル≠エミアブル」だと、会話のペー
スは合いますが、内容にズレが生じやすい傾向にあります。

　コミュニケーションをとる際、エクスプレッシブやエミアブルに
対しては、ワクワクや面白さを与えて、好奇心を育て褒めて伸ばす

など、信頼感を持ってもらうために、結論から理由までを簡潔に報告連絡相談するとよいでしょう。一方、ドライビングやアナリティカルに対しては、責任感や達成感を与えて、お互いの心を汲み待つゆとりを持つなど、安心感を持ってもらうために、丁寧に詳細に報告連絡相談するとよいでしょう。

　一方、違う思考かつ違う行動のタイプ同士、「ドライビング⇔エミアブル」と「エクスプレッシブ⇔アナリティカル」だと、上手く役割分担すれば効率のよいチームワークになり、自分に持っていないものを相手に要求すると関係は悪化するという、イチかバチかという状態になります。

　ちなみに、同じ思考で同じ行動のタイプ同士「ドライビング↔ドライビング」だと積極的な議論だが対立が起きたり、「アナリティカル↔アナリティカル」だと建設的な議論だが意思統一や情報共有が不足しがちだったり、「エミアブル↔エミアブル」だと明るい雰囲気だが細部に粗が出がちだったり、「エクスプレッシブ↔エクスプレッシブ」だと和やかな雰囲気が生まれるが結論が出るまでに時間がかかり過ぎたりします。

　成功が一気に加速するには、お互いの得意分野を提供し合い、お互いの不得意分野をカバーし合っている関係性が必要です。

　パートナー選びをするとき、人はどうしても「自分と似た人」を選んでしまいがちです。理由は簡単で、気が合うからです。

　しかし、自分と似ている人を選ぶと大抵うまくいきません。なぜなら、スキルが似ているので同じことしかできない上、怒るポイントなども一緒だから、お互い感情的になってカバーし合うことができません。

　実際にパートナーとなって欲しい人を見つけたら、どのような立ち位置でお互いに関わってもらうのかを検討しましょう。

信頼と信用

　人の潜在意識は、嫌というほど付き合う人の影響を受けているものです。ネガティブな情報は、ポジティブの情報の7倍も伝染効果があると言われています。

　いつだって辛くて苦しくて諦めたくなるときがあります。しかし、そこで踏ん張れるのは、パワーパートナーの支えがあるからです。

　それでは、パワーパートナーをつくるために必要なことは、何だと思いますか。ヒントは、「信頼」と「信用」の違いを理解することです。

　これらの言葉には、大きな違いがあります。過去を「信用」することと、未来を「信頼」することです。

　信用とは、何らかの実績や成果物を作成して、その出来栄えに対しての評価のことを言います。したがって、信用するためには、実績や成果物が必要不可欠なわけです。この実績や成果物といった、過去の業績に対して信用します。

　一方、信頼は、そうした過去の実績や業績、あるいはその人の立居振舞いを見た上で、「この人ならこの仕事を任せてもちゃんとしてくれるだろう」「この人なら私の秘密を打ち明けても大丈夫だろう」と、その人の未来の行動を期待する行為や感情のことを指します。

　もちろん、信頼するためには、何らかの根拠が必要ですが、その根拠を見た上で未来を信頼するということです。そう考えると、信頼してもらうためにはまず信用が必要です。

信じると決めてしまう

　人を信じられるかどうかは、相手によってその状態が変わることを意味します。「〇〇さんは、性格が悪いから信じられない」「〇〇

さんは、仕事ができるから信じられる」など、無意識に相手を評価し、信じるか信じないかを決めています。

それは、相手を信じて、期待どおりの働きをしてくれなかったときに、ガッカリしてしまうことを恐れているからです。

相手を信じるかどうかは、自分の課題です。自分を信じてもらえるかどうかは、相手の課題です。誰かれ構わず信じるということではありません。

それを見極める目も必要ですが、世界で大半の人は信じてもいいのではないかと思っています。信じられた相手は、「これだけ信じてくれたから、こちらも信じてみようかな」と感じます。

その結果、相手も自分の素を明かしてくれるようになり、今度は「自分はこんなに個人的なことを打ち明けているんだから、私はこの人を信頼しているんだ」という気持ちになっていきます。

さらに、「君だけに打ち明けるんだけど」とフレーズを加えると、「そんな大事なことを打ち明けてくれるなんて、自分は信頼されているんだな」と思ってもらうこともできます。

親近感を抱いてもらい、信用してもらいましょう。自分の未来は信じられないかもしれません。裏切られれば、誰かを信じることもできないかもしれません。しかし、信じると先に決めてしまうということは、すごく大事なことです。

パワーパートナーを信頼する

突然ですが、グループとチームの違いがわかりますか。パートナーが決まったら、その2人が主体となってコミュニティーを形成していきます。

チームとは、共通の目的・達成すべき目標を持ち、そのためのアプローチを共有し、ゴールに向かって協働し進んでいる組織。そし

て、チームを組むときには、３Ｒを意識してみてください。

　１つ目は、Route（共通のゴール）です。よいゴールのチェックリストは、本当にやりたいことなのか―「願望」、前向きで否定的な言葉を用いていないか―「肯定的」、判断基準が明確になっているか―「定量化」、いつまでに達成するのか―「期限」、目標設定しなければ起き得なかった現状を創り出しているものなのか―「挑戦的」があります。

　２つ目は、Role（明確な役割）です。チームは、Norming（形成期）→ Storming（混乱期）→ Forming（統一期）→ Performing（機能期）と変遷していきます。その上で大切な段階は、Storming であり、それを乗り越えるためには、それぞれの役割が明確で、リーダーシップを発揮していることが必要です。

　３つ目は、Relation（良好な人間関係）です。お互いの話を、「耳」で聞き、「目」で観て、「心」で感じて、「聴」いていくことで、自己利益に偏る競合でもなく、他者利益に偏る譲歩でもない、協働していくチームが形成されていきます。小林多喜二は、『蟹工船』で、「困難な情勢になって初めて誰が敵か、誰が味方顔をしていたか、そして誰が本当の味方だったかわかるものだ」と言っています。

　Storming の場面で様々な経験をパートナーと積み、事の理がわかるようになっていく中で、敵は誰か、味方顔をしているのは誰か、多くを知り得るようになっていくのだと思います。

本当の味方

　どのチームでも蔓延している「好き嫌い」や「敵・味方」、そして「派閥」があります。この視点でしか物事を見られないメンバーが増えると、組織は壊滅的なダメージを受けます。

　私も、実際、そのような組織をつくってしまった１人でした。私

が学生団体の代表に就任した際に、過去のリーダー経験から、自分のリーダーシップには自信がありました。

しかし、この自信が過信となって仇となり、「翔貴さんは頑張っているけどついていこうと思わない」「私たちとの壁を感じる」とメンバー間との不和が起き、1人、1人と組織を離れるようになり、残ったメンバーの多くはメンバーとの会話を大切にしていた副代表に信頼を置くなど、文字どおり「組織崩壊」を起こし、自分の立ち位置を見失い、孤独でした。

今思えば、副代表との役割を明確にして、それぞれの強みを生かし、お互いの弱みを補い合えば回っていたと思うのですが、当時の私は副代表に対して嫉妬を感じており、コミュニケーションを取らず、3Rがすべて当てはまらない状況に陥っていました。

組織崩壊の失敗を学び、Catalyst 創設の際には、週5で真面目な話も不真面目な話もパートナーと語り、ヴィジョンを追求しました。

ちなみに、Catalyst には、3つの意味があります。

1つは、意味。Catalyst＝触媒という意味があり、私たちに出会うことで、誰かと繋がったり、夢が広がったりするような化学反応を引き起こすこと。

2つ目は、音。Catalyst を発音すると、「語る人」と聞こえてくるように、私たちの言葉で無限の可能性が開花するきっかけを与えること。

3つ目は、形。「C」の形を見たときに、「○」の欠けているところに私達はどうしても目が行ってしまいますが、その欠点に着目するのではなく、既に満ちている「C」に目を向けて、未知（道）を彩る原体験を提供することの意味が込められています。

主語はＩではなく We

オバマさんの「Yes, we can」という言葉は、なぜあそこまで人

気になったのでしょうか。彼のスピーチでも、「これは私の勝利ではない。私達の勝利だ」と言っていました。

　なぜ「Yes, I can」ではいけないのでしょうか。それは、自分の言葉が自分だけのものになっているからです。

　同じ目標を立てたときでも、「そう決まったからやってくれ」よりも、「一緒に頑張ろう」のほうが聞こえがよいと思います。「頑張れ」よりも「頑張ろう」のほうが人ごとではない感が強いと思います。

　「私達」や「一緒に」を強調することが、人を巻き込む極意です。この私達の範囲が大きければ大きいほど、その人の影響力になります。

　アフリカには、「If you want to go fast, go alone. If you want to go far, go together（速く行きたければ1人で行け、遠くに行きたければ皆で行け）」ということわざがあります。

　確かにスピードを重視するのであれば、独走したほうが意思決定が早くスタートを切ることができます。しかし、長い距離を走ろうとすると、途中で体力が尽きてしまいます。ヴィジョンをチームに浸透させることで、その体力はついてきます。

　私は、リーダーシップを身につけるには、非営利組織をマネジメントする経験を強くおすすめします。

　お金ではなく、志でチームをまとめていく経験は、どうすればメンバーはモチベーションを持って取り組むようになり、どうするとコミットメントを下げてしまうのかを、体感的に学ぶことができました。

　いきなり大きな団体をまとめる必要もなく、営利目的ではないまとめ役をするという観点で言えば、飲み会の幹事なども本質は同じです。

　自分がファシリテーターとして、その場を円滑に進め、皆が楽し

める環境をデザインする力がついてきます。

1つの100点よりたくさんの60点を

最後に、二兎を追って一兎を得なかったとしても、その二兎を追ったという経験が価値となります。

$100 \times 1 = 100$ にしかなりませんが、$60 \times 60 = 3600$ になります。この数式が何を表すかというと、市場価値を示してくれます。

例えば、「イタリアン」と検索して最上位に表示されるのは、難しいと思います。しかし、「イタリアン　トランポリン」と検索したらどうでしょう。

恐らく先ほどまでより少ない検索件数でトップに表示される確率も高くなると思いませんか。

このように、1つの分野で1位にならなくても、複数の分野でそこそこの地位を獲得し続けるほうが、あなたを探し出してくれる人は増えるということです。

そしてポイントは、その分野は、異分野であればあるほど効果を発揮してくれます。「イタリアン　おしゃれ」で検索件数が減らないのは、「イタリアン→おしゃれ」と第二検索ワードとして連想しやすいからです。

私が学生時代から全国で講演に呼んでいただいたのも、社会人が多い業界で学生としてデビューしたり、有料の講演内容をクローズにする人が多い中でYoutubeで無料公開したり、単に座って聞く一方向の講演が多い中でワークショップを取り入れて双方向の内容にしたり、特異性を出していったからだと分析しています。

決して、ナンバーワンの大学生でもなく、有名なYoutuberでもなく、ワークショップの天才でもないですが、平均点より少し上のスキルを組み合わせれば、自分独自の強みがつくり出せます。

野球型の日本、ラグビー型の海外

　日本人は、ひたむきに努力して、後はチャンスの順番を声かけてもらえるように待っている人が多いように感じます。私は、この日本人の美徳を決して否定する訳ではありませんし、文化的にも理解できます。

　ところで、野球は1番から9番まで平等に打席が回ってくるのに対し、ラグビーは自らがボールに触れようとしない限り1回も触れずに試合が終わることもあります。

　日本は、ハイコンテクスト文化と言われ、単一民族国家であったので、前提条件が一致しやすい環境です。「腹の探合い」という言葉が存在するように、この文化が内と外を区別する要因にもなります。

　よく「あれを、こうしておいて」と通じてしまうのもこのためです。だから、話し手は、曖昧な表現をしても、暗黙の了解が通じるので、会話の主体は「聞き手」です。

　海外は、ローコンテクスト文化と言われ、多民族国家が多いので、前提条件が一致しにくい環境です。極端に言えば、「消しゴム忘れた」と言われて貸し出すのは日本人ですが、海外では「消しゴム忘れました。だから貸してくれませんか」と言われないと貸し出しません。だから、話し手が明確な表現をしなければ、会話の主体は「話し手」なのです。

　私も、インドネシアでキャプテンを務めていたときに、それまで日本では「野球が上手い人＝発言権がある」という文化で育ってきましたが、野球が上手いかどうかは関係なく意見を出す姿を見て、自らチャンスを引き寄せることの重要性を学びました。ヴィジョンで仲間を巻き込み、自分の役割を認知した上で、完璧を目指さず自分をアピールしてほしいです。

2 出過ぎる杭は打てない

【出る杭は打たれる】―頭角を現す者はとかく他の人から憎まれ邪
　魔をされるという教え。
【出過ぎる杭は打てない】―頭角を出して邪魔する人はスルーして
　もよいという教え。

ドリームキラーは放っておけ

　もし、皆さんのいる環境で、人から「世の中そんな甘くない」「前
できなかっただろ」「お前には無理だ」と言われ続けたらどうでしょ
うか。いくら本人がモチベーションを高く持っていたとしても、周
りの環境が意味のないことであると主張し続けることで、やがてモ
チベーションが低下し行動することすらやめてしまうことを「学習
性無力感」と言います。

　これは、サーカスの象が大人しいことにも関係しています。サー
カスの象を調教するためには、幼い頃から足に鎖が結びつけられ、
動き回ろうとしても自由に身動きがとれないようになっています。
すると、最初は何度も鎖を引きちぎろうとしますが、やがて自分の
行動は意味がないことを体感的に学んでいき、最終的には鎖を外し
ているにもかかわらず身動きを取ろうとしないというのです。

　どうすれば、この象は、幼い頃のように、今1度自由に動き回ろ
うとすると思いますか。正解は、鎖をつけられる前の自由に動き回
る他の象と行動を共にすることです。最初は、自由に動き回るのを
躊躇するものの、次第に同じように動き回れるようになっていき、
やがて他の象がいなくても、鎖をつけられる前と同じような状態に
戻ると言います。

　ここからわかるように、私達も、個人の意思より周りの環境のほうが大きな影響を受けます。

　ジム・ローンは、「You are the average of the five people you spend the most time with（あなたが最も長く時を共にする５人の人間の平均が、あなたという存在だ）」と言います。

　当たり前の基準が高い環境に身を置けば、勝手に自分の当たり前の基準が高くなっていくものです。甲子園常連のチームが、地方大会で優勝するのが当たり前の文化で練習しているから強くあり続ける原理と同じです。

　友達がどれだけ大切かを、ギャラップ社が 500 万人を対象に行った実験で明らかにしています。職場に３人以上の親友がいる場合、給料が７倍になったときと同じ幸福感を味わうことができたそうです。給料を７倍にすることより、自分と気の合う３人がいる環境を選ぶことは難しくないかと思います。

嫉妬を正しく使う

　またも科学的実験の考察ですが、水槽中の熱帯魚を成長させるにはどうすればよいでしょうか。エサの量よりも、大切なことがあります。

　それは、水槽の大きさを変えることです。大きな水槽に入れた熱帯魚のほうが大きく成長します。この現象は、熱帯魚だけに起こることではなく、私達人間の能力にも当てはまるかと思います。

　例えば、50 という目標を設定して取り組んだ場合は、50 以上の成果を得るのは非常に難しいですが、100 という目標を設定して必死にがんばれば、あっさりと 50 を超えてしまいます。

　先の象の実験でもわかるように、自分の周りにどういった人を置くかが非常に重要です。実際、私も、普段どういった人と関りを持つかは、自分のやっていること以上に気を張っています。初対面の

方は、特に一瞬でその人の能力や性格を見定めることは難しいので、その人が普段どういう人達と絡んでいるのかがわかれば、その人の人柄がわかってきます。

　私が絡みたいと思うかどうかの判断基準を一言で表現すると、「嫉妬するかどうか」です。感情を「相手」に向けるのではなく、「自分」に向けるのがポイントです。私が大学時代に動き出したときに、まず一番初めにやったことは、嫉妬する人に会いまくることでした。嫉妬の本質は、自分のやりたいことを相手がやっていることです。やりたいことの種は、嫉妬の中に潜んでいるのかもしれません。

友達ではなく仲間

　先ほどは、水槽の大きさの重要性を説きましたが、それより大切なことがあります。それは、そもそもどこの水槽に入るのかを見極めるということです。

　元気に泳いでいた魚が、ある日突然体調を崩すとします。そこで１度水槽から取り上げて治療し、再び水槽に戻します。また数日経つと体調を崩したので、再び治療し水槽に戻します。さらに数日経つと、３度体調を崩してしまいました。

　治療は完璧なはずなのに、なぜこのようなことが起きるのでしょうか。勘が鋭い人はお気づきかもしれませんが、これは治療が悪いのではなく水質が悪いのです。では、この水質を管理しているのは誰でしょうか。水質を綺麗にできるのは、魚ではなく、その管理者だけです。

　水槽が学校や会社だとしたら、環境や文化といった水質を管理するのは先生や上司です。パソコンがどんなに凄いアプリを入れても、そのアプリを入れるオペレーティングシステムがよくないと使うことはできないのと同じです。

　私も、イベントに参加するときに一番初めに見るのは、どんな企画かとか、どれくらいの人数が参加するのかではなく、主催者のFacebook を漁ります。そして、この人が管理するイベントなら学びがあると見込めば参加するようにしています。

　どこかのコミュニティーに属するときにも、トップの人との共通の知合いを探し、その中でも特に親睦の深い人からトップの人の考え方や人柄を聞き出してから、会って話すようにしています。友達の友達は友達といったように、何を学ぶか、何をするかというノウハウではなく、誰から学ぶか、誰とするかという「ノウフー」を意識しています。

当たり前の基準を高く持つ

　肥満は伝染します。太った友達が身近にいると、2〜4年以内に自分自身も肥満になる確率が最大で171% も増加するようです。

　皆さんも、三日坊主の経験があるのではないでしょうか。明日から毎日3時間英語の勉強しようと張り切っても、3日も経てばスマホを漁ってしまう経験です。

　これは、1人でやり切ろうとする意志に原因があります。もしも、友達と毎朝カフェで集合して英語を3時間勉強していたらどうでしょうか。恐らく1年とは言わなくても、1人でやるより長く続くでしょう。

　人生の質を上げる方程式を紹介します。それは、「人生 = 才能×環境×意思」です。才能とは、生まれ持った先天的な特質です。環境とは、どこで誰と育つかです。意思とは、その環境下で自分が何を選択していくのかです。

　この3つの中で、自分がコントロールできるのは、環境と意思です。残念ながら、生まれつき凄い人は凄く、アスリートの間に生

まれた子供は、何もしなくても多少は人より優れているものです。たくさん影響を受けた人は、その分だけ影響を与えます。

吉田松陰もそうでした。彼の教育で大切にしていることは、師弟関係ではなく朋友関係でした。つまり、上から正解を教えてあげるタテの関係ではなく、共に正解を追求していくヨコの関係であるということです。吉田松陰は徹底的に行動の人で、自分の知的好奇心が高まると、いつでもどこでもかけつける人でした。だからこそ、そこに学びがある限り、年齢や性別関係なく学び合う空間をつくった結果、数々のリーダーを世に輩出していきました。

学び合う空間や感化し合う環境をつくり、感化することが得意な人が感化されやすいのは、何でも受け入れる素直さがあります。

こだわりを貫く流儀

ただ「何言っても反対される」「どうせ言っても無駄だ」という人はいるかと思いますし、なかなかそのような環境から簡単に動けないという人もいるかと思います。私としては、基本スルーでよいと思います。その分、自分自身を客観的に見てくれる自分をつくるほうが大切です。

ルフィは、海賊王になるという途方もない夢を抱き、存在するかどうかもわからない空島を目指すなど、常人からすれば常軌を逸した奴です。

高みを目指せば、ドリームキラー（夢を奪う人）という名の抵抗勢力が現れるのが世の常です。抵抗勢力に戦いを強いられることもありますが、時には受け流すことも必要です。

受け流すというのは、別に逃げるという意味ではなく、子供のケンカのような闇雲な戦いを避けるということです。その代わりに、戦うべきものは、「信念を貫く」という自分自身の内面です。

　甲子園の整備士という仕事を知っていますか。甲子園でプレーする選手のグラウンドをキレイに整える仕事です。私にとって、あれだけこだわり持ってやっている仕事はないと思っています。雨が降ろうと、風が吹こうと、いつ行っても同じ環境がつくられています。

　仕事人としてのみではなく、1人の人間として、「絶対に侵されたくない」と、守り続けるものが「こだわり」です。何かにこだわり、長年に渡って愚直なまでに繰り返すことこそが、他より抜きん出る成功へのカギです。

　仕事の中でこだわりを創っていくのは、プロとして通るべき過程の1つですが、そのこだわりが独り歩きしてしまっては、本末転倒です。

　仕事のこだわりは、顧客の期待が何かによって常に見直されるべきで、本当のプロは市場の声に誰よりも敏感で、そして進化成長に誰よりも貪欲です。

はみ出してもいいじゃん

　1昨年のクリスマスイブ、ボヘミアンラプソディーを観ました。ラスト21分のライブでの強烈な生き様に、終始、鳥肌が止まらなかったことを今でも覚えています。

　映画の途中、こんなワンシーンがありました。駆け出しの頃、彼らに注目したスカウトから、他のバンドとは何が違うのか問われたところ、「俺達は、はみ出し者だ。音楽は、俺達の居場所だ」とフレディ・マーキュリーは答えました。

　彼らにとって音楽とは、自己表現であり、快適環境であり、社会提唱です。自分がなりたいものであれ、誰かが何を言っても無視してもいいというのが、死後27年経っても色褪せないメッセージです。

　空前の大ヒットで、特に若いカップルが目立ち、普段映画に来な

い人も来ているようでした。映画がヒットしにくい 11 月のリリースの中、右肩上がりの売上という異例の事態で、世代ではない若者がハマる社会現象のワケは、本当は目指す生き方を隠し持っているからです。

やりたいことをやりたい、好きな人に好きと伝えたい、悩んでいることを打ち明けたいものの、元気が出ない、勇気が出ない、活気が出ないから、彼の姿を見ることを通して、あたかも自分が叶ったかのように疑似体験しようとしている人が多いのだと推測しました。その頃の私も、紛れもなくその 1 人でした。

「1 度きりの人生、後悔なき航海を」と、いつも講演で伝えているにも関わらず、やりたいことをやれず、好きな人に好きと伝えられず、悩んでいることを打ち明けられずにいました。あの映画から訴える、「さあ、はみ出そう。過去の自分や社会の常識から」という彼からのメッセージを私たちは受け止めていきましょう。

孤高な人

フレディ・マーキュリーは、果して孤独だったのでしょうか。そもそも孤独と孤高は、何が違うのでしょうか。見失っているかいないか、それがその違いの 1 つのポイントです。

孤独な人は、自分で「孤独だ」と思っており、「本当は誰かと一緒にいたい」と思っています。誰かに助けてもらおうとしているうちは、孤独と言ってもよいのでしょう。

一方、孤高な人とは、自分の私利私欲に支配されない人です。自分の私利私欲に支配される人は、「孤独になりたくない」という思いに執着し、結果的に孤独な人間となりますが、孤高な人は、自分の私利私欲に執着し、自分の心が虚無に陥ることを知っています。

孤高の境地になかなか立てないのは、根本に人から嫌われたくな

いという気持ちを捨てきれないからだと思います。生理的にどうしても無理な人はいると思います。しかし、だからといって絡まないのはナンセンスです。

　ドリームキラーからも学べるポイントがあります。そのためには、6つのコツがあります。

　1つ目は、必要最低限だけ接点を持つことです。様々な共通のコミュニティーに属してはいけません。

　2つ目は、挨拶だけは自分からすることです。挨拶によって最低限の関係だけは保っておきます。

　3つ目は、共通の友人をつくらないことです。利害関係者を増やすとよからぬ情報が回ってしまうことがあります。

　4つ目は、苦手な人のよいところを見つけることです。無理やりにでも見つけ出すことで、無駄なストレスを減少できます。

　5つ目は、スキルアップのためと割り切ることです。自分の持っていない思考や行動を分析する実験です。

　6つ目は、苦手な人の理由を言語化することです。次に同じような苦手な人と会ったときの取扱説明書を事前に作成しましょう。

3　失敗は挑戦の母

【失敗は成功の母】―失敗しても、方法の誤りなど失敗の原因もわ
　　かるので、成功に一歩近づくことになるという教え。
【失敗は挑戦の母】―成功しなくても、失敗したことで何かに挑戦
　　したこと自体に大きな価値があるという教え。

気にしているのは自分だけ
　「失敗したらどうしよう」と、何かに挑戦するときに、成功より

も失敗を恐れてしまう心理の本質には、周りの目があります。

ここで漫画家の蛭子さん、「"人からどう思われるか"と考えていたら、生きにくいと思うんですよね。オレははっきり言って"自分がどう生きるか"ということだけしか考えていません。周りにどう思われても"ま、いいか"ですよ」とインタビューで答えています。好きなことを楽しむために、人生はあるのだと教えてくれています。

私も、無人島でリーダーシップ育成プログラムを大学3年生のときに企画しようと思った際には、当時はあまり聞いたことのないイベント内容であったため、なかなか支援者が見つからず、半ば企画倒れすることも想定していました。企画を始めようとしていた頃には、声高らかにSNSでも発信をしていたので、もう今さら後戻りはできない状況でもありました。

そして、あるとき知人にあまり上手くいっていない状況を伝えたところ、知人は私が発信していたことの記憶がなく、よい意味で期待をされていませんでした。そこで気づいたのは、人は自分と関係あることにしか興味はなく、そこまで他人様の一挙手一投足に注目していないということでした。

そこから、企画倒れしても、それほど人に注目されていないのであれば、とことんやってみようというマインドに切り替わり、そこから仲間が広がり、企画を実施することができました。

ヒーローズジャーニーの法則

そこまで頑張らないといけないなら、挑戦はしたくないという人に知っていただきたい考え方があります。それは、「ヒーローズジャーニーの法則」です

これは、アメリカでヒットした映画の共通点を探すと、どの映画にも大まかな8つのステージを踏まえていることがわかりました。

　ステージ１の「天命」は、ある日使命が突然降りてきて、自分の住み慣れた安全地帯で平和に暮らしているところ、夢や目標が見つかって、それに向かう決意をする場面です。

　ステージ２の「旅立ち」は、不慣れな旅に出て、境界線を越えて、慣れない世界に飛び出すことで、現状を打破して、新しいことを始めようとする場面です。

　ステージ３の「境界線」は、スキル成長で問題解決力がつき、敵との戦いに打ち勝ち、困難を乗り越え、成長を重ねることで、新たな世界に足を踏み入れ、これまで知らなかったことがたくさんあると気づく場面です。

　ステージ４の「メンター」は、本当のあなたを教えてくれる本やアドバイザーになってくれる人と出会う場面です。

　ステージ５の「デーモン」は、宿敵に負け、人間力のないスキルは付け焼刃だと気づき、最大の危機が訪れ、己の実力のなさを思い知らされることで、挫折を味わい、初めて己を知ることになる人生の一大事の場面です。

　ステージ６の「変容」は、スキルではない本当の自分の力が身につき、素直になり、メンターに教えを請うことで、武器の強さではなく、何も持たないときの強さが本当の強さと知る場面です。

　ステージ７の「課題終了」は、デーモンを倒し、目的を果たし、勝利を手にすることで、一から出直して再建する場面です。

　ステージ８の「帰還」は、困難を乗り越えて成長し、無事に故郷に帰還する場面です。

共感とは同じ境遇を体験すること

　この法則の醍醐味は、失敗することで、人から好かれやすくなるということです。

想像してみてください。目の前に才能だけで成功ばかりしている人と、失敗も経験しながら挑戦している人、どちらの人から話を聞きたくなりますでしょうか。恐らく後者なのではないかと思います。

　私は、講演をした当初、失敗した話はせずに、成功体験を美化して話していました。その頃一部の人から言われていたのは、「胡散臭い」といった評価でした。そのため、講演をしていても、それは「翔貴さんだからできること」と思われて、響いていないことも多々ありました。

　私は、高校受験で付属高校に合格してから、センター試験も受けていませんし、大学でも自分で事業を起こしたり、卒業を伸ばして留学していたりしていたので、あまり多くの学生が通るような道を進んでいませんでした。

　だからこそ、私が卒業後の進路を、起業ではなく就職に決めたのも理由の1つです。皆が進むような道で、「翔貴さんも一社会人で上司と大変なんだ」と共感を呼べるネタづくりも、講演家として選んだ道でした。

　その結果、私の大切な仲間からも、「昔は尖っていたけど、今は丸くなった、より平らになったよね」と言われたことを今でも覚えています。変にガツガツすることなく、フラットに絡みやすくなったと自分でも思います。

　だからこそ、たくさん社内で挑戦することが私のネタにもなりますし、講演での付加価値となっていきます。失敗から人はいろいろ学べ、成長していきますので、「成功」と「失敗」ではなく、「成功」と「成長」です。

　そう考えると失敗も楽しくなります。成功には運がつきものですが、失敗には必ず因果関係があります。犯した失敗は隠さず、むしろ公開していくことで、チャンスを運んできてくれる人は周りに増

えていきます。

自分から心を開く

　失敗を後悔してもよいと言っても、プライドが邪魔する人は多い でしょう。私もその1人なので、痛いほど気持ちがわかります。特 に、自分が上手くいっていたり、リーダー的ポジションについたり すればするほど、人には心を許してほしいと思いつつも、自分自身 は「自分を完璧に見せたい」「愚かさや欠点を持たない人間として 見られたい」という心理が働くものです。

　しかし。心のドアの取っ手は、内側にしかついていません。どん なに外からこじ開けようとしても、取っ手は内側にあります。外か らは開けられず、相手の心のドアの取っ手も内側についています。 それを開くためには、相手に内側から開けてもらうしかありません。

　そのためには、開けてほしい自分自身が、まず自分からドアを開 けることです。これが真の信頼関係を築いていく第1歩になります。

　リーダーといっても人間です。完璧な人間など1人も存在しま せん。時には傷つき、落ち込み、不安になり、がっかりするのが人 間です。

　自己開示のポイントは、自分の個人的な情報をありのまま相手に 伝えることです。出身地や出身校、家族構成、趣味、キャリア、将 来の夢、自分の気持ちなど、プライベートなことをどんどん相手に 話します。

　すると、「こんなプライベートなことまで話してくれた」となり、 「この人は信頼できる人だ」という錯覚を生み出します。心を開け るリーダーは話せるリーダーです。メンバーは、心を開けるリーダー を求めています。このことを知っていると、失敗体験を最大限に活 用することができるようになってきます。

根拠のない自信を持つ

　なぜか私には、無限島を大成功させる自信だけは常にありました。それには、何か具体的な根拠があったわけではありません。

　ソフトバンクの社長・孫正義さんも、「最初にあったのは夢と、そして根拠のない自信だけ。そこからすべてが始まった」と言っています。

　ルフィは、根拠のない自信のもと、夢を叫ぶところからスタートしています。「成し遂げたい」という志は、言い続けることで、実現の方向に向かっていきます。これは、起こり得る出来事はイメージすればするほど起こる確率は高くなるという「補強の原則」とも呼ばれます。

　ルフィは、「俺はさ、海賊王になるんだ！」と、何度も夢の補強をしています。東大に合格した90％の人は、壁に「東大絶対合格！」と貼っています。家族を愛するお父さんは、家族の写真をいつも見えるところに置いています。

　「これだっ」という真の目標を見つけたなら、あなたは既に成功しています。ただし、真の目標を見つけるのは、成功するのと同じくらい難しいことです。何かができるから、何かを持っているから、といった理由で自信をつけてしまうと、それができなくなったとき、それを失ってしまったとき、一緒に自信も失うことになります。

　実際、私達は、赤ちゃんの頃から、根拠のない自信を持って生きていたはずです。立った経験もなければ、歩いた経験もない赤ちゃんが、あれだけ転んで頭を打っても、立って歩こうとするのは、何となくできる気がするからという根拠のない自信の塊があるからです。

　他者評価ではなく、自己評価で生きられるようになると、少し生きやすくなるのかもしれません。

人生100年時代の〝夏〟を謳歌しよう

　「何のために生まれて　何をして生きるのか　わからないまま終わる　そんなのは嫌だ」

　これは、アンパンマンの主題歌の歌詞の一部分です。彼は、私達に非常に大切なメッセージを発信していると思います。

　皆さんは、何のために生まれてきたのでしょうか。何をして生きていくのでしょうか。私の母親は、「人生は"春夏秋冬"」だと言います。春は、準備の時期です。夏は、活動の時期です。秋は、収穫の時期です。冬は、成熟の時期です。春に充分準備段階を経た人は、夏を謳歌することができるそうです。

　そこで、私の25年間の春を振り返ってみると、人生の節目において、社会は人生ハードモードでした。生まれた年には阪神淡路大震災やサリン事件、幼稚園を卒園する年には9.11、小学校入学時はゆとり開始、中学入学時はリーマンショック、中学卒業時は3.11、高校卒業時はゆとり終了、大学入学時は増税、入社時は令和元年とコロナショックでした。

　今年の初詣のおみくじ運勢では、「新しい波がどんどん押し寄せ、しかもよい方向へ進みやすい時期なので、積極的に行動しましょう」と出ていました。春に卒業ソング、夏に公式ホームページ、秋に本出版と、立て続けに夏を謳歌しています。

　夏は、何でもすることができるときであり、試行錯誤のときです。

　動物は、交尾して食べてと、生命を維持し繁栄していくことが使命です。植物も、水と酸素だけがあれば十分な生き物です。人間だけが、生きるために命を授かっただけではなく、どう生きるかを自分で決められる生態系です。この人間として生まれてきた以上、使命がわからないまま、使命に生きずに終わるのは、もったいないと思っています。

人は道具だと思っていました

　私、自己評価ではなく、他者評価を気にして生きてきた人生でした。そして、今でも自己評価に頼ることができずに、他者評価に依存してしまうことが多々あり、日々奮闘中です。

　私が、外部から脚光を浴びて、様々なチャンスをいただくようになったのは、無限島を開催する半年前の大学4年生の冬からでした。テレビやラジオなどメディア露出が増え、講演回数も倍増していき、チヤホヤされてわかりやすく調子に乗っていました。

　人は、1度夢を叶えると満足するのではなく、さらにレベルの高い願望を求めてしまうものです。大学生最後の夏は、無限島を含む3つの体験型教育プログラムを開催しましたが、私は人を人間扱いしていませんでした。愛がこれっぽっちもなかったと当時の私は自身のFacebookで振り返っています。道具のようにFacebookでシェアさせ、道具のようにタスクを課し、道具のように集客をさせていました。

　だから、多くの人が去っていきました。自分が愛されていないことがわかるから、対等の関係ではないから、使われるだけの立場でしかないからです。

　その結果、大切な人を鬱にさせ、信頼する人から嫌われ、大事な人を怒らせてしまいました。なぜ人を道具のように扱ってしまったのか。それは、何もしないと駄目な人間と決めていたからです。

　そこで、気づきました。「自分が自分を見るように、自分は人を見る」と。人と自分の関係をいくら変えようとしても、自分と自分の関係が変わらないと、根本的には何も変わりません。出来損ないで駄目な自分の姿を自分で受け容れ、人に受け容れてもらうために背伸びをせず、ただ会いたいからその人に会う、話したいからその人と話すといったように、もう人を道具として扱わないと気づかさ

れた平成最後の夏でした。

いいね、いいね、いいね

　「結果出していなくても　行動していなくても
　完璧じゃなくても　それで、いいね、いいね、いいね！
　失敗しちゃったとしても　非常識と言われても
　人に否定されても　それで、いいね、いいね、いいね！
　カッコつけはカッコ悪い　リアルなあなたが見たいんだ
　自分と未来に　いいね！」

　これも『後悔なき航海を』の歌詞の一部です。他者評価に足を囚われることなく、自己評価に可能性を持って進もうと自分に言い聞かせるつもりで書いた詩です。

　自分にとって不本意なことも、困ったことやイヤなこと、辛いことや悲しいことも、起きてしまったことは、生きていく中ではありのままに受けとめるしかありません。

　ドラッカーは、「何によって憶えられたいか。その問いかけが人生を変える」と言っています。

　多忙な日々の中で、私達は、「自分がどのような存在として記憶されたいだろうか」という根本的な問いを忘れてしまいがちです。

　「どう見られたいか」という浅い話ではなく、「どう記憶されたいのか」は、自分自身の「あり方」を問うものです。自分自身が死ぬときに、「ああ、あの人はこういう人だった」と記憶してもらえるとしたら、どのように憶えてもらいたいか、この問いへの答えがまさに、自分が「人生で大切にしたいこと」を示す自己評価になるのだと思います。

　誰もが、今の自分よりも、ちょっとだけよい自分、誇れる自分、すばらしい自分、しかし、なり得る自分を思い描くことで、毎日の

一挙手一投足がそちらに向かっていきます。

後悔先に立たずの生き方

　アインシュタインも、「人の価値とは、その人が得たものではなく、その人が与えたもので測られる。単に人生に成功して莫大な蓄財ができたというだけでは価値がない。そうではなくて、いかに他者にプラスの影響を与えたかが重要。他者に与えるものとは、富、知識、勇気、庇護、感動、居場所、励まし、優しさ、笑顔、承認、気づき、元気、許し、癒し。何もお金に限った話ではない」と言葉を残しています。

　人は、Giver・Matcher・Taker の3種に分かれます。

　実は、成功している人のパーセンテージで一番多いのは、Giver です。同時に失敗している人の中で一番多いのも、Giver です。

　Giver が成功するとき、限定されているかにみえるパイをおしひろげ、周囲の人にも大きなメリットをつくり出す傾向があります。惜しみなく与え続けることで、他人から受け取りやすくなっている「シェアの精神」、あるいは自分の利益よりも全体の利益を見ることのできる客観性などが特徴です。

　原体験にこそエネルギーがあります。情報が溢れているこの時代、情報にばっかり触れていると、何でもわかった気になってしまいます。

　しかし、聞いてわかった気になるだけと、自分自身が体験することは大きく違います。こんな時代だからこそ、体験にエネルギーを見出すことが大事で、それが自分自身にも、また自分の周りにもいい影響を与えます。

　何度失敗しても、初めから成功を目指して他者評価に耳を傾けるのではなく、まずは自己評価で自分の踏み出しやすい一歩から挑戦

をしていきましょう。

守るものをつくる

　失うものがないときは怖いものがない状態です。だから、自分の
やりたいように生きられます。そして、自分の思い描いた結果にな
らなくても、何も失わないし、何も傷つけません。その分、諦めず
に頑張ろうと思うこともありません。自分の思いどおりにならなけ
れば、すぐに諦めて逃げたいという感情が生まれます。人は前向き
に人生を歩むためには、守るべきものを持つことです。

　若旦那の歌詞にも、「守るべきものだけを　ポケットに入れて　よ
そ見はしないぜ　迷うことなんてないよ　愛する人のため　闘う今
から」とあります。

　守らなければいけないときの強さは、自分の過ちが他人に影響し
ます。「他人にも影響する」と思えば「負けてはいられない」と思い、
人一倍の強さが出ます。人が本当に力を発揮するのは、誰かのため
に行動したときです。

　私にも愛する人がいます。それまで給料昇給や出世願望はあまり
興味がなかったものの、結婚して、幸せな家庭をつくりたいと思う
ようになると、そのためには経済的にも力をつけていなければなら
ないと思い、仕事への取組み方や数値目標へのこだわりにも少しず
つ変化が見えてきました。

　もちろん、愛は金だけではありませんが、美味しいものを食べた
り、素敵なところに出かけたりするには、資本主義世界で生きる以
上、思い出づくりに稼ぐことは重要です。

　どうせ強くなるなら、失うものをなくすより、守るものをつくる
ことです。守るものがなければ、あえて守るものをつくったほうが、
強くなれます。

第4章

チャンスを掴んだ際の「行動力」「実行力」の高め方

1　石の上には三秒

【石の上にも三年】―辛くても辛抱して続ければ、いつかは成し遂
　げられるという教え。
【石の上には三秒】―辛ければ環境を変えれば、新たなチャンスが
　舞い降りるという教え。

ZOOM を楽しむ若手、苦しむ上司
　「最も強い者が生き残るのではなく、最も賢い者が生き延びるの
でもない。唯一生き残るのは、変化できる者である」。
　これは、ダーウィンの進化論で最も有名な言葉です。現代、まさ
にこの言葉が象徴するように、コロナで生き残る人や会社、業態が
浮彫りになっていると思います。
　想定内の変化ではなく、誰も予想できない状況で、スピーディー
に1日単位で変われる会社もあれば、古きよき時代の価値観に縛ら
れ変化を嫌う会社に2極化しています。
　勤務数が長いからとか、業績を上げてきたからという過去の実績
で、若手は勝てないことは百も承知です。だからこそ、未来の可能
性で勝負すべきだと信じています。
　ITが来てから、インドのカーストが崩れつつあると言われてい
ます。カースト制度が発足したときには、ITの仕事は存在してい
ませんでした。そこで差別で苦しんでいた若者が、ITなら階級を
超えられると目をつけて努力した結果、今や様々なIT会社の社長
はインド人が就任しています。
　今回のコロナも、会社のカーストを崩す1つの波だと思います。
コロナは、傷口に塩を塗るように、社会の弱いところを突いてきま

した。先進国で、ここまでオンライン化が進んでいないことが理由で、民間も学校も行政も遅れが生じています。

　パンデミックの歴史を辿ると、一時的なショックが起きても、その後には新しく豊かな時代が幕を開けています。私が大好きなワインも、ペストでたくさんの人が亡くなって、農作業する人が少なくても収穫できるブドウを栽培した結果、誕生した歴史があります。

　確実に時代の波が来ています。いつの世も時代を変えるのは、若者です。文化を創り出すのも、若者です。この時代が変わるビックウェーブに乗って、変化し続けることを恐れずに、With コロナ時代を生き抜きましょう。

時代を生き抜く４C

　これからの時代を生き抜く「４C」という発表を、アップルとMicrosoft が共同出資している NPO 団体 P21 がしています。

　１つ目は、Critical「そもそも論」です。コロナでも様々な情報が行き渡り、何が本当で何が嘘なのかがわからないパニック状態になっています。それは個人的意見なのか科学的事実なのかを判断し、自分にとって必要な情報を取捨選択していかなければ、単なる情報デブになっていきます。

　２つ目は、Collaboration「パートナー」です。コロナでリモートを含む働き方の変革も問われている中、特に注目されているのがジョブ型の働き方です。いつも同じ部署で同じ社員で同じ仕事をするのではなく、プロジェクトに応じて、臨機応変に人員配置を変えていく働き方です。すべて１人でやろうとするのではなく、コラボレーションによって、高品質で効率的な業務を遂行する力です。

　３つ目は、Communication「人間関係の維持」です。コミュニケーション力の必要性は、今さら説く必要はないと思いますが、この先

ＡＩが職場に普及していくと、仕事が奪われるというシンギュラリティが叫ばれています。そこで生き残るのは、機械ではできない安らぎや、やる気を与えるコミュニケーションを媒体とした職業です。

　４つ目は、Creativity「創造性」です。１から10にするのが得意なのはＡＩですが、０から１をつくるのは人間にしかまだできない領域です。

　こうした４つの力が、より一層コロナ禍で問われているのだと思います。

遊習が優秀になる時代

　数年前、東京ビックサイトで開催されたイベントに参加したとき、まさにドラえもんの世界が近い未来やってくるという感覚を今でも覚えています。

　シンギュラリティや2035年問題で人間の仕事が取られると怯える方もいらっしゃるようですが、私は楽しみで仕方ありません。

　今日生まれた子供が将来働くときに、現在まだ存在しない職業に就く割合は65％とダボス会議で発表されました。

　最近、元ZOZO社長の前澤さんが、自身のTwitterでお金配りを毎日実施していますが、あれもベーシックインカムでお金のない世界が実現されれば、世界平和になるという目的です。

　ＡＩで生産性が上がっていき、ベーシックインカムが導入されれば、働きたい人は働いて、働きたくない人は働かなくてよくなる時代が来ます。つまり、仕事は労働ではなく、趣味になっていきます。これで社会が一気によくなると思うのは、本気で社会を変えたい人だけが仕事するため、社会変革のスピードが速くなっていくからです。

　組織から個人に変遷する時代だからこそ、会社に食わせてもらお

う人間が淘汰され、会社を食わせてやろう人間が生き残ります。

　これからは、趣味を極めてメシを食える時代です。SNS が普及したことで、これまでテレビやラジオなどメディアに露出しなければ売れなかった時代が、個人でメディアを持つことができて、大きなメディアに出なくても、個人間でやり取りできる時代になった結果、最近は事務所を退社する芸能人が増えて、皆がこぞって YouTube で発信するようになりました。

　お金がなかったとしても、自分の志で人が集まれば、クラウドファンディングでお金も集まる仕組みもあります。テレビより YouTube、募金よりクラファンで稼ぐ時代です。正解探しは間違いで、正解だらけで、何をやっても正解な不確実な時代の到来です。

撤退基準を先に決める

　動き出す前に、1 つだけ考えておいたほうがよいことがあります。それは、ゴールを決めることです。カーナビのように、現在地と目的地が明確にならなければ、車は動き出せません。

　突然ですが、「諦める」の語源を知っていますか。諦めるというと、どちらかと言えばネガティブな言葉だと思っているかもしれませんが、もともとは「物事を明らかにする」という意味です。

　どうせ取れないのに、1 回終わっては、また 1 回始めてしまうＵＦＯキャッチャーを皆さんも 1 度は経験したことがあるでしょう。最終的に何も取れなくて、お金だけ無駄にしてしまうことを経済学では、サンクコストと言います。

　修学旅行で木刀を買ってしまう心理と同じで、「ここまで遠いところに来たのだから、せっかくなので買おう」となり、本来、交通費や移動時間とは分けて、購入の意思決定をしなければならないのに、混ぜて考えてしまうことです。

　始める前に撤退ラインを決めないと、「あと少し、あと少し」が永遠に続きます。私は、生涯年収2億円（年収500万円×40年）を外部で稼ぐまで、もしくは社内起業するまでは、今の会社にいようと思っています。

　私が大学時代に最初に所属したサークルは、よさこいソーランでした。入った理由は、日本文化を言葉以外で発信する芸を1つ持っておきたいというものだったので、別に上手く踊りたかったり、たくさんの振付を覚えようとしたりしていませんでした。だから、衣装を揃えて振付を覚えて、インドで披露したことを機に、さっぱりとサークルは辞めました。

　先に撤退基準を決めておき、相手にも伝えておくことで、自分自身も意義が見出せ、相手も納得感を持って、その場を後にできます。

選択肢を増やす

　一時期、13歳の少女が「逃げ」について書いた詩が、Twitter上で話題になっていました。

　「逃げて怒られるのは人間くらい。ほかの生き物達は本能で逃げないと生きていけないのに、どうして人は『逃げてはいけない』なんて答えにたどりついたのだろう」というものでした。

　逃げるというのは、私は1つの選択肢を増やす行為だと思っています。小学校の、いじめに遭っていたときに、私は外部の野球クラブがあったから救われたと思っています。もし、あの頃、学校のコミュニティーだけに身を置いていたら、恐らくクラス全員もしくは学校中からいじめられていると思い込んでいたでしょう。

　現に、日本は自殺大国として有名で、年間3000人が自ら命を落とし、英語辞典にも「Karoshi（過労死）」と載っているほどです。

　自ら命を絶ってしまう人の多くは、「自分の居場所はここしかな

い」と信じ込み過ぎてしまうからだと思います。私のいじめを例にしても、冷静に考えて本当の主犯者はクラスに1～2人でした。しかし、その当時は、愛想よく笑顔で話しかけてくれる友達も、「裏では私のことを悪く言っているのではないか」と自分で被害妄想を増やしてしまう傾向にありました。

　だからこそ、転校や転職などによって環境を変えることで、逃げるというマイナスなニュアンスではなく、進むというプラスなニュアンスで、選択肢を増やす必要性があると思います。

　「こうすべき」「こうしなきゃ」ではなく、その日を楽しむために、様々な選択肢を持って日々選択していくことが、人生の満足度にも影響してくるのだと思います。

完璧主義からの脱却

　SNSの普及により、完璧主義者が増えたと言われています。その根本には、他人との比較がしやすくなったために、劣等感を感じることがあります。

　一昔前は、自分が直接出会ってきた人との関りがほとんどでした。もしくはテレビ露出している有名人だけでした。だから、身近な存在か、雲の上の存在しか周りにはいませんでしたが、簡単に人と繋がり情報が収集できる現代、自分と似たような人に出会える確率が高くなりました。

　すると、「何でアイツだけ。私はいつもこう」と劣等感を感じ始めます。また、フォロワーが数値で可視化できるようになったのも起因しています。一昔前は、信頼を数値化できなかったものの、今では登録者数やいいねの数など一目瞭然です。

　こうした理由から、「私はあの人と比べてまだまだ」と思い込み、終りのない完璧への追求が始まっていくのです。何度もやり直し、

　１つの仕事に蟻地獄のようにハマるのではなく、堀江貴文さんの『多動力』でも提言されている「完了主義」を意識しましょう。目の前の仕事をサクサク終わらせ、次に行く考え方です。

　トライ＆エラーを繰り返したほうがクオリティは高く、準備が足りないのは言い訳です。飽きっぽい人ほど成長するというのは、80点を取ると飽きて、大半の知識は得られ、次のジャンルに飛んだほうが新たな発見があります。

　成長が早かったり、絶えず新たなことを仕掛けたりしている人は、皆飽きっぽいのが特徴です。できた９つのことではなく、できなかった１つに固執してしまうのが完璧主義者の傾向です。人生を開拓する鍬となる発想は、「とりあえず」です。

感情が行動のエンジン

　私が、講演で一番行うワークショップは、「As if クエスチョン」です。

　まず、２人組を組んで、AさんとBさんを決めてもらいます。私が指を鳴らすと、10年後にタイムスリップした設定で進行していきます。Aさんは、Bさんに「最近、何しているの」と質問します。Bさんは10年後の自分のつもりで、最近していることを話し始めます。その後、Aさんは、仕事や結婚、趣味など幅広い質問を５分間徹底的に間髪入れずに続けます。一番注意すべきなのは、Bさんは0.2秒以内に回答することです。考えるのではなく、思ったままに話してもらいます。

　100回くらいやってきてわかったことは、80％の人はこれまで描いてきたキャリアビジョンと違うことを話しています。このワークの狙いは、潜在欲求を引き出すことです。これまで過去の経験から、潜在欲求を閉めてきたフタを外していくことで、本当にやりた

かったことを見出します。

　このワークを無人島でしたところ、1人の女の子は、家族に言われた教員になるべく大学進学もしたが、本当は女優になるのが夢だと曝け出し、努力を重ね今は女優になりました。他の男の子も、これまで文系の道で進んできたが、本当はプログラミングがやりたいと曝け出し、LINEでインターンをした後にエンジニアになっています。

　他にも、「未来からの手紙」というワークでは、10年後の自分から現在の自分に向けて、志や現在の状況、乗り越えた壁、具体的な実践、実現した価値などメッセージをしていきます。これも無人島で火を囲いながら実施すると、今悩んでいることはちっぽけだと気づき、島から離れたときの行動のエンジンになっていきます。

　本当の答えは、既に自分の中に潜んでいます。常に自分によい質問をしてあげることで、その解を出す習性が人にはあります。皆さんも、クイズ番組を見ているときに、司会者から「テレビの前の○○さんはどう思いますか」と聞かれていないにもかかわらず、家族とどれが正解か盛り上がる経験が1度はあると思います。

　人は、質問されると回答してしまうものですし、何か仮説が立つと検証してしまうものです。その人の修正をうまく利用して、閉ざしてきたフタを少しずつ外していきましょう。

DPCA

　ドラえもんは、数々の名言をのび太に残していますが、特に私が好きなものの1つは「悩んでいる暇に1つでもやりなよ」です。至ってシンプルなことなのですが、意外と難しいものです。

　ＰＤＣＡサイクルという言葉を聞いたことがある人は多いでしょう。確かに、これは専門性を高め、外面的な気づきがある点で効果

的です。しかし、私が推奨する「体験学習サイクル」は、人間性を高め、内面的な気づきがあります。

　ＰＤＣＡサイクルを回して得られる学びは、掃除を早くするための知恵だったり、箒の使い方だったりの技術的なところです。体験学習サイクルを回すことによって得られる学びは、自分自身の性格の傾向や他者との関わり方など、内面的な気づきです。

　学校行事でカレーづくりをしたとしましょう。ＰＤＣＡサイクルでの気づきは、具材の切り方や火の付け方、米の炊き方です。

　一方、体験学習サイクルでの気づきは、「やってみる→どうだった→どういうこと→どう使う」の思考順路で、皿洗いなどで疲れているのに、人に交代してほしいと言えなかったり、人に頼ることが苦手な自分に気づいたり、火付けが大好きで他の人にやらせず自分本意な自分に気づいたり、米の水の量を間違えておいしく炊けなかったミスを自分がしたことに勇気を出して素直に伝えたら許してくれて、素直に話すことの心地よさに気づいたり、学びを日常へ活かすことができます。プランを立てる前に、「まずやってみる」ことで学ぶ発見もあります。

２　類は殿を呼ぶ

【類は友を呼ぶ】─気の合う者や似通った者同士は、自然に寄り集まって仲間をつくるものであるという教え。

【類は殿を呼ぶ】─気の合う者や似通った者同士といると、会いたい人に会える人になっていくという教え。

相手に憶えてもらう

　仲間を増やしていくときに、１度会った人に自分を覚えてもらう

必要があります。人に認知してもらうスキルは、アイドルヲタで磨かれました。コミュニケーション力を高める上でも「好きな人」を見つけることがとても重要です。

　「好きな人」といっても、恋人でも尊敬する人でも誰でもよく、「この人に自分のことを知ってもらって好きになってもらいたい」と思える相手なら誰でも「好きな人」になります。

　私の場合も、NMB48の渡辺美優紀（通称みるきー）という推しメンがいました。握手会にもよく参加していましたが、たった10秒の限られた時間の中では中々みるきーに自分のことを覚えてもらえません。具体的にやったことは2つありました。

　1つ目は、人といかに違う自己紹介をすることです。よくある話の切出しは、「いつも応援しています」「この前の歌めっちゃ可愛かった」などですが、私は歌いながら握手したり、あえて2推し（2番目に推しているメンバー）の話をしたり、皆がやらないような意外なことから話を切り出していました。

　ちなみに、わかる人にはわかる話になりますが、私の自己紹介のキャッチフレーズである「元気、活気、熱気、しょーき！　本気、根気、勇気、しょーき！」は、NMB48でみるきーとダブルセンターを務めていた山本彩を参考にしています。

　2つ目は、いつも同じ服装で登場することです。ファンによっては、その会場で物販されているTシャツを着たり、この前参加したライブの記念タオルを巻いたりするのですが、私は、難波で現地購入したピンクの20歳生誕祭記念Tシャツを着て、ファンクラブでネット購入したピンクの推しタオルを頭に巻いていました。

　全身をピンクで同じ衣装で身を纏う姿は、今のオレンジTシャツを着て麦わら帽子を頭に被る姿に影響を受けています。「好きな人」の好きな人に自分がなるためにどうやって自分を表現したらい

いのかを考えながら、工夫した自分の言動が積み重なり、結果的に自分のコミュ力を上げてくれたと思います。

記憶に残る幕内弁当はない

　秋元康プロデューサーは、「記憶に残る幕の内弁当はない」と言います。人気のあるおかずばかりを集めただけの幕の内弁当は、かえって個性や特徴が失われて、食べた人の記憶に残らないものということです。「あのうなぎ弁当」や「あの釜飯」が覚えられるように、「あの」がなくてはいけません。

　自分の好みや偏りをあえて強調することで、自分の「キャラクター」が際立ち、自分のキャラクターがわかりやすくなると、人から覚えられたり、親しみを持たれたりしやすくなります。誰だってあるいろいろな能力や性格の中からどれを強調するかによって、印象はガラリと変わります。名前ではなく、志や人柄で覚えられるようになったとき、「あの」人になっていきます。

偉人の召喚

　憧れの人と接点を持つだけでモチベーションが上がると言われています。有名な学者と同じ誕生日であることだけで宿題が62%も努力向上するそうです。

　この原理を用いて、私は、判断に迷うとき、よく偉人を自分の中に召喚します。皆さんも判断に迷って、なかなか決断できないときはないでしょうか。そんなときにおおすすめするのが、この技です。

　例えば、リーダーシップを発揮しなければならないときに困った場合に、私はルフィを召喚します。自分ならどちらを選択するのかではなく、ルフィならこちらを選択するだろうと決めてもらいます。

　他にも、教育者としての選択を迫られているときには吉田松陰先

生や、人間関係に悩んでいるときには母など、自分が悩んでいる分野で尊敬している人から教えを勝手に説いてもらい、判断の質と速さを上げていく方法です。そして、その判断した道でいかに進むかは自分の責任です。

　本書で何度も伝えていますが、迷っている時間に価値はありません。Aで間違えていたら、Bにすぐ切り替えればいい話です。だから、自分でAかBの選択に迷っているならば、尊敬する人に選んでもらうほうがよいのです。

　そうすると、母だったらBを選ぶとか、吉田松陰先生ならAでもBでもなくCに行くなど、今の自分のレベルではなく、尊敬する人の選択なので、多少大きく大胆な決断ができます。

　そういった決断を1度すると、その決断を正解に持っていこうと努力するので、必然と自分の力はついてくるし、その決断をしたことに人もついてくるようになります。

　自分がなりたい人を見つけたら、その人をTTP（徹底的にパクる）しましょう。その人の判断を真似していれば、自ずと同じ行動をしていき、同じ結果が得られるようになります。

「初めまして」に慣れる

　小さい頃は、父親の仕事の影響で、タイ、東京、岡山、インドネシアなどを転々としていました。その結果、どこに行っても「初めまして」がつきものになっていって、初対面の人と話すことにも自然と慣れていきました。

　とにかく場数をこなし、人より圧倒的な数で「初めまして」を経験してきました。しかも、当時は「転校生」として扱われるので、注目されてちやほやされやすかったことを覚えています。よいのか悪いのか、よく「人の心に土足で踏み込む」と人から言われます。

　その武器は、１人でブルネイに行ったときにも発揮されました。旅行の途中でお金が尽きてしまい、遊ぶことができなかった私は、勝手に住民の家を訪れて、日本語を教えたり、よさこいソーランを踊ったりしました。その結果、相手も警戒心を解き、お金のない私にごはんを食べさせてくれたり、お土産を持たせてくれたりしました。

　また、ある意味、自分の故郷や土地に対するアイデンティティがない分、フットワーク軽く、積極的に新しい人とたくさん出会っていくことができたと思います。そして、一瞬の出会いで相手に記憶してもらい、「また会いたい」と思われる魅力的な人は、ポジティブな印象の前に、相手に不快感や違和感を与えません。

　脳の第一言語はイメージとよく言われます。第一印象が大事だということは、様々な本でも言われていることです。その印象を決めるのは、会話の内容ではなく、非言語に当たる見た目や姿勢です。だからこそ、人に会う前には、髪のセットや服装の乱れ、笑顔の確認などは気にするようにしています。

　もし、自分で基準を持つことができなければ、先の偉人の召喚カードを切って、TPO に合わせて、ファッションを整えていくことも重要です。相手に憶えてもらうために、まずは整えやすい見た目から入っていくことで、セルフイメージも高くなり、次第に「初めまして」にも恐れない、積極的なマインドが養われていくのだと思います。

付き合う人を選ぶ

　UFO が A 地点から B 地点に高速移動できるのは、B 磁波を出しているからと言われます。つまり、自分が今いる心地よい場所で仲間をつくるのではなく、少し遠くて若干違和感を覚えるような場所

でも理想を追い求めて仲間をつくることで、そちらの世界に移れるという意味です。

　例えば、職場でも同じ職位の立場の人とだけ絡んでいることは、確かに心地がよいです。しかし、上の人から目をかけられるようになるには、少し抵抗感があっても、その人たちと場を共にする必要があります。

　私は、イベント参加した後に、その参加者と飲み会をすることが多々ありますが、かなりの確率で講演者やイベント主催者の隣の席が空きます。確かに、先ほどまで講演していた人の隣で座るのは、恐れ多い気持ちが強く、「私ですいません」や、主催者が男性の場合は「男くさくてすいません」などと言いたくなる気持ちはわかります。しかし、私は、そのときに、真っ先に隣の席を狙っています。何なら飲みの席に歩いていく道から隣を確保しています。

　逆パターンもよくあります。私が主催した無限島では、その年に参加した人が来年は運営側に無限人（むげんちゅ）として携わるシステムがあります。その無限人になった人の共通点は、イベント中に私と話をしたことがある人です。

　参加者の多くは、他の参加者とだけ話をして帰っていきますが、本当に学びを得ようとしているのであれば、そのイベントの情報を一番持っている主催者を質問攻めにするのが有効です。しかし、多くの参加者は、代表や主催者の権威に後ずさりしてしまいます。人間の本能として、知らないことには警戒心を持つようになっていますが、その警戒心の先に本当の成長が待っています。違和感を大切にしましょう。

夢を共有できる人

　仲間とは、１人で叶えられない夢を共有する人であり、１人ひと

りの夢は全員が揃ってこそ実現できます。まずは、夢を持って自ら旗を掲げることです。

　最初は２人きりで始めた無限島も、今では３年で100名の学生に全国から参加していただき、無限人も20人ほどにも支えられて拡大していきました。2020年はコロナで中止となったものの、来年に向けて第４回も開催予定です。

　正直、ここまで大きくなっていくとは思っていませんでした。今では、私なしに無限人が自分達で動いています。本当に誇らしい存在です。

　ここまで大きくなったのも、Catalystの理念である「ミチを彩る、原体験を」という旗を大切に掲げ続けてきたからだと思います。運営者が入れ替わっても、プログラム内容が変わっても、常にそこにあるのは理念です。

　何か人間関係でトラブルが起きたとき、リモートで意思疎通が上手くできなかったときでも、そこにあるのは理念でした。「自分に何ができるのだろう」「リーダーとして大丈夫だろうか」という不安を持ちつつも、やる気や勇気を与えてくれるのも理念でした。

　そうして、自分の心の中で描いた夢を口に出して他者に伝えていった先に、思わぬ仲間が集まりました。仲間の仲間が仲間となり、今でも私知らないところで参加者たちが会っていたり、「あの時があったから」という思い出を振り返ったりするようなインスタのストーリーを見ると心が温まります。

　わかりやすく大きな旗を掲げ、馬鹿と思う人でなく、おもしろいと思う人と夢を見てきた結果です。そして、１度掲げた旗は、降ろしてはいけません。１人で掲げ続けるのは難しかったかもしれませんが、一緒に掲げてくれる仲間が増えたからこそ、今も旗がなびき続けています。

他者を大事にできる人

私は、よく3K（悲しい、苦しい、悔しい）体験と呼ぶのですが、キズ（傷）ついた3K体験では、そこから得られるキズ（気づ）きがあり、それを共有した人との間にはキズな（絆）が生まれます。

私も、過去を振り返れば、3Kを共有した人は今でも付合いがあります。第5章で登場する仲間達も、同じく3Kを共有しています。

なぜなら、それを包み隠さず話してもよいと思える存在であったし、話した結果、自分のことを大事にしてくれた存在であったからです。

人は、大事にされた人のことを大事にします。だからこそ、常日頃人を大事にしている人は、いざ何かあったときに大事にされます。これを「恩送り（Pay it forward）」とも呼びます。

外見や階級に偏見を持たず、どのような相手でも、最初はオープンマインドでいて、違いは違いでも間違いではないと思える人が好かれます。インドの英雄であるガンジーもそうでした。インド人であるというだけで迫害を受けていたことに腹を立たせ、偏見を持たずに人と人とが関わるべきだという主張を貫き、正義を取り戻した第一人者です。

人＋為＝偽

人の為だと思っていることは、自分の気持ちをごまかして、本当は自分の為に何かをしていることがあります。

シャンパンタワーは、一番上から注いでいくと、すべてのグラスにシャンパンが注がれて、あなたも、他の人もシャンパンを飲むことができます。ところが、これを一番上からではなく、2番目や3番目から注いだら、一番上は当然満たされません。

例えば、自分が休みのときでも、取引先から要望があったら、休

みを返上してお客様の為に対応してあげると、自分や家族が犠牲に
なるかもしれません。

　想像してみてください。

　与える側：「私は十分満たされているからどうぞ」だと、

　受け取る側：「わーい！　ありがとう！」となります。

　十分に満たされている人から何かを与えられると、受け取る人は
素直に受け取れます。むしろ、喜んで受け取れます。しかし、

　与える側：「私はいいからどうぞ」だと、

　受け取る側：「あ、ありがとう…」となります。自分を犠牲にし
て与えると、受け取る側は素直に受け取れません。犠牲的になって
何かを与えるのは、受け取る人に、申し訳なさや罪悪感を与えてし
まいます。相手のことを考えたつもりでも、相手に「申し訳なさ」
というネガティブな感情を与えてしまいます。

　ここで、「自分自身を満たす方法」を2つ紹介します。

　1つ目は、できなかったことではなく、できたことに目を向ける
ことです。教育心理学の実験でも、成果より努力を評価されたグルー
プのほうが、その後に再度行われたテストで点数が上がったという
実験結果もあるように、営業で取れなくても電話をかけた自分に目
を向けています。

　2つ目は、自分で自分のことを遠慮なく褒めることです。努力が
積み重なり、成果を取ったときには、自分へのご褒美もしっかり用
意します。私の場合は、少しよいワインを飲みながら、シーシャを
家で吸い、千鳥の『相席食堂』を見ているときが最高の至福の時間
です。

　まず、自分のグラスから注いでいくことで、自分の身近な人から
影響を与えることができて、納得感ある形で恩送りができるのだと
思います。

命令ではなく物語を語る

あなたは、今、向こう岸にチーム全員で渡ろうとしています。ただし、船はありません。そこで、2人のリーダーが別々のことを言いました。

Aさん：「森から木を持って来い。あと草むらから頑丈そうな紐になるもの見つけて来い。それから海岸の道を開いとけ」。

Bさん：「いいか、向こう岸には、たくさんの食料がある。お前らここ数日間、何も食べてないよな。一緒に向こう岸で腹一杯メシ食おうぜ」。

さぁ、どちらのリーダーについていきたくなりますか。恐らくBに共感し、Aは偉そうと感じたのではないでしょうか。

人は、応援される前に、共感できるかで、動くか動かないかが決まります。効果的な言葉とは、方法より目的です。howよりwhyです。命令より物語です。

CMの歴史を辿れば、どのような言葉に人は心を動かされるのかがわかってきます。一昔前の車のCMは、性能や価格を大々的に打ち出していましたが、今は家族との思い出のシーンが映し出されています。つまり、モノを語るのではなく、モノ語る時代に変遷してきました。

情報通信の発達により、消費者への価値観やニーズ多様化が顕在したため、モノやサービスの充実化により精神的充足が得られる商品を求める傾向になりました。

ニーズ変化のスピードに対応するために、現場にいるメンバーたちが自律的に動き、個別に対応することが求められるようになったのです。

自分のことを満たしてから、次のグラスに言葉という栄養を送っていきましょう。

3　ブサイクにも旅をさせよ

【可愛い子には旅をさせよ】──わが子が可愛いなら、親の元に置い
　て甘やかすことをせず、世の中の辛さや苦しみを経験させたほう
　がよいという教え。

【ブサイクにも旅をさせよ】──可愛かろうが何だろうが、旅を通し
　て非日常体験することで人生が豊かになるという教え。

セレンディピティを磨く

　私が無限島を開催した最大の理由は、無人島という場所は非日常
空間であるからです。

　私は、開催前に、1人で海外に行ったり、国内でヒッチハイクし
たりしていました。そのとき気づいたのは、普段の自分でした。日
常で無意識に行っていることや考えていることなどが、日常から距
離を置くことで、自分の思考や行動を客観視できました。

　これをメタ認知とも呼びますが、ヒッチハイクしていたときも、
なかなか最初は車に乗せてもらえませんでした。理由は、人を選ん
でいたからです。「この人なら話しかけても大丈夫そうだな」と判
断していたから、自然とチャレンジする回数が減っていました。

　そして、こうした判断をしていた根本の原因は、日常の思考習慣
にあり、自分にとって都合のよい人や付き合ってメリットある人し
か絡んでいないことを内省しました。

　無限島の3日間でも、多くの参加者は何か大きな凄い気づきを
得て帰るというより、これまで自分が目をつぶっていた弱いところ
が出て、日常で潜在化されていたことが非日常で顕在化されていき
ます。昔に比べて時間が経つのが早く感じることがあるのではない

でしょうか。

　その理由は、ジャネーの法則で説明されていて、「生涯のある時期における時間の心理的長さは、年齢の逆数に比例していく」というものです。

　行きの道より帰りの道のほうが早く感じるのも、1度経験したことは刺激が減るためです。つまり、体感的には20歳で人生の半分は終えているということになります。新鮮味がなくなり、同じことを繰り返すことで、単調な毎日になっていきます。そういったルーティーン化された毎日から脱出するために、海で泳いだり、ハイキングに出かけたり、自然の中で弁当を食べたりなどは非常に有効でしょう。

　自分を解放する非日常の環境に足を踏み入れたときに、新たな自分と出会うことができます。

成長したいなら興味ないことやろう

　私は、ある日、思い立って、カフェで1人コーヒーを飲みながら小説を読むという、行動派の私からすれば考えもしないことを珍しく行いました。きっかけは、叔父がコーヒー好きで、「ホントのコーヒーを飲ませてやる」とのことでついて行ったことでした。

　店で目に入ってくる情景は、コーヒーの深い味わいに目を閉じて嗜む者や小説を虎視眈々と読んでいく者で、店で聞こえてくる音は豆にお湯が注がれる「トットトト」やヤカンから湯気が立つ「シューッ」のみでした。

　そして、1杯ずつ丁寧につくられるコーヒーが目の前に。「ゴクッ」と飲むと、スーッと抜けていく感じで、「これがホントのコーヒーか！」と思いました。しかし、心がざわつき、「スマホ触りたい」「明日のタスク何だっけ」となりますが、心を無にして、「今、ここ」

に意識を向けました。

　1時間後に店を後にすると、外の世界が変わっていました。道行く人の会話がすごく聞こえたり、お店の看板メニューがよく目についたり、暖かい太陽の香りを感じたりと、感性が研ぎ澄まされました。

　思えば、いつも街歩く当時の私は、次のアポ先での戦略を考え、ケータイでLINEを常にチェックし、イヤホンから洋楽が聞こえていました。はっきり言いますが、世界が変わったのではなく、自分が変わったのです。世界の見方や自分の見方が変わったのは、興味のないことをやったからです。興味のあることは、知っているから予測できます。興味のないことは、知らないから予測できません。やりたくないことも、やってみましょう。

実践なき理論は空虚である

　人間の脳は、知識を既往するためにのみあるのではなく、新しいことを考え出すのが大切な働きです。

　そのひらめきにヒントを与えてくれる例として、スタンフォード大学の研究では、屋内、屋外に限らず、歩いている場合は、座っている場合よりも60％創造的になることがわかっています。本を読むだけでは充分ではありません。理論×実践が大切です。

　車を例に挙げると、免許の教習所で車の動かし方や標識の読み方を完全理解したとします。そこで免許を発行されても、まだ路上を走った経験がないと、恐らく車に乗ることに躊躇するでしょう。車を走らせてみてから初めて、「意外とハンドルって重いんだ」とか、「この標識って何の意味だっけ」などとわかってきます。

　無限島を企画した理由も、これまでリーダーシップについて発信したり講演したりしていても、頭で「わかる」ではなく、体で「で

きる」というレベルに落とし込む必要性を感じていました。そこからプロジェクトアドベンチャー（野外学習）のファシリテーションの資格を取り、本番でのワークショップの参考にしました。

そこで、私は、「リーダーシップ＝志（利己的×利他的）×力（知識×体験×環境）」という仮説を立てました。全国 100 校 4000 名に講演する Exclamation で知識、無人島で学生 100 名のリーダーシップを育む無限島で体験、グローバルな志を掲げる 350 名が語り合うグローバルリーダーズパーティーで環境という軸ができました。

体のためだけではなく、新しい思考をするためには、机に向かっていてはいけません。外へ出て、あてもなく歩いていると、新しいアイデアが浮かんできます。

オンとオフを使い分ける

現代の日本人が働き過ぎて疲れをため込んでしまう要因に、仕事とプライベートを分けられていないことが考えられます。

単なる娯楽としてではなく、仕事の生産性を高めるためにも、非日常空間は有効的です。プライベートの時間でも、仕事のことが頭から離れず、「休んだ気がしない」という状態を回避しなければなりません。

真面目な人や責任感の強い人ほど陥りやすい傾向にありますが、「休めるときにしっかり頭と身体を休めて、仕事から解放される」ということを学ばなければ、かえって仕事に支障をきたしてしまいます。仕事でのパフォーマンスを最大化するためにも、仕事とプライベートを分けるスタイルを身につけましょう。

私も、月に 1 回はマッサージをして体のメンテナンスを行ったり、岩盤浴に行ってデトックス効果で良質な汗を流したりしています。

　アメリカでは、全労働人口の47％がリモートワークを許可されていると言われ、日本でもコロナ禍でテレワークやワーケーションが推奨されつつあります。

リモートワークの前提条件

　私が台湾のベンチャーでインターンしていた頃、社長から教わったリモートの規則は、「自己管理を徹底し、品質×分量で成果を残す」ことでした。このことを前提とした上で、リモートワークにさせてもらうには、次の具体的なチェックリストがありました。

　１つ目は、メンバーを尊重すること。互いの強みを理解して助け合うということです。

　２つ目は、刺激を与え、助け合うことです。切磋琢磨し、自己研鑽と啓発に時間を惜しまないということです。

　３つ目は、自主的に考えて行動することです。仕事をこなすのではなく、自ら創り出していくことです。

　４つ目は、過不足のないコミュニケーションです。メッセージでは、主語や目的語を省略せずに配慮した言葉遣いをすることです。

　５つ目は、自分で調べ考えることです。人に聞く前に調べて、オープンクエスチョンではなく、クローズドクエスチョンで確認を取るということです。

　６つ目は、質よりスピードを重視です。６割程度で進捗を見せて、素早く移動修正していくことです。

　７つ目は、成果にコミットです。仕事の過程や労働時間に目を向けるのではなく、生産性を高めることです。

　８つ目は、会社のサービスはあなたのものです。自分が責任を持って仕事に取り組むマインドです。

　９つ目は、顧客一番です。目の前の顧客に対して一番の価値提供

をすることです。

　皆さんの職場は、何個当てはまりましたでしょうか。

台湾インターンでの出会い

　先の台湾インターンでの一番の価値は、仕事を通した5人との出会いでした。

　1人目は、元・事業責任者です。彼は、私と同期であり、一緒に新規事業を立ち上げた同志でした。彼からは、オンとオフを切り替える大切さを学びました。仕事終わりに、よく飲みにいったり、休日には2人で旅したりしていたのですが、「オンとオフの幅は、仕事の成果と比例する」と言い聞かせ、よく遊びました。

　2人目は、インターン生です。彼女は、言語力とチャレンジ精神旺盛なところが武器で、とにかく頑張り屋さんでした。そんな彼女から学んだことは、出会った人を大切にするということです。お昼休みの大半の話のネタは恋愛話だったのですが、彼女と話していく中で、人生23年で初めて、自分が不器用であるということを気づかされました。その人に合った話し方や言葉を使ったり、見栄を張らずに弱みも見せたり、人間らしさを取り戻してくれたのが彼女でした。

　3人目は、日本語教師でタレントです。唯一の社外の方なのですが、この方から放たれる1つひとつの言葉は、とにかく私の本質を捉え、的確なアドバイスをご教授くださいました。特に、どんな人や意見でも決して否定せず承認しつづける姿勢は、大変勉強になりました。

　4人目は、教育責任者です。今でも営業のフィードバックをいただいたことは、私の心の奥底に残っています。「あなたの笑顔は胡散臭い」とズバッと言われたこともありました。私は、あのときか

ら、自分のペースに合わせさせるのではなく、相手のペースに合わせるということを強く意識するようになりました。相手に合わせるのは負けだと変なプライドを持っていたのですが、ものの見事にポキッと折られました。

　5人目は、社長です。人の「声にならない声」を聴くところは尊敬する部分であり、将来なりたい自分と思える目標の部分でもありました。

　こうした出会いの中で、最も成長したのは、人の気持ちをわかろうと努力するようになったことと、オンとオフを切り替えて仕事するようになったことでした。

「この村の教育格差をなくしたい」

　インドでの1人旅を大学1年生で経験した後、2年生の夏休みにネパールに行きました。首都カトマンズからドラカ村に約7時間かけて行った理由は、たまたま泊ったホテルのオーナーであるケシャブさんがこの村の出身で、渡航4か月前に発生した地震の復興支援をしていると聞きつけたためです。

　現地の学校に行き、小学生に「あなたの夢は何ですか」とインタビューしたところ、明らかに地震で大きなダメージを受けながらもストレートな志には驚きました。日本で同じように小学生に夢調査を行うと、野球選手やケーキ屋さん、最近だと YouTuber や公務員と答える人も多いようですが、私はその理由に明確な差があると感じました。

　日本では、安定しているから、親や先生からすすめられたからなど、自分の意見というよりは、世間体や他人軸を基本として考える傾向があります。しかし、ネパールの子達は、先生になってこの村の教育格差をなくしたい、医者になって救えるはずの命を救いたい

など、自分の意思を持って話す姿が印象的でした。

　そこから、私の「志＝利己的×利他的」という考えが芽生えました。もちろん、野球選手やYouTuberになることは素晴らしいのですが、その職業はあくまでも手段にしか過ぎず、野球選手になって子供達に元気と勇気を与えたい、YouTuberになって自分らしく生きることを伝えたいなど、その職業について何を目指したいのか、何を成し遂げたいのかがなければ途中で挫折に折れてしまいますし、その夢の実現率もサポーターがいなければ下がっていきます。

　当時、利己的な夢を掲げていた自分に、大切なことをネパールの小学生が教えてくれました。

「あなたが会いに来てくれるから」

　次は、学生NGOでの渡航先フィリピンでの話です。

　当時の私は、意見が葛藤したときに、経過より早く結論を求める癖がありました。インタビュー最中も、英語が苦手なメンバーを置いて話を進めてしまうときもありました。メンバーとのたわいもない、生産性のない話も軽視していました。

　相手を大切にするということは、相手のために自分の時間を使うことだとメンバーが教えてくれました。人間関係を損得で判断しない人達が、フィリピンで暮らす人たちでした。渡航中、私がママと慕う住民と話していると、突然雨が降り出しました。すると、彼女は、私が濡れてはいけないと家に上げてくれて、２人だけの会話が始まりました。私は、ずっと気になっていたことを単刀直入に尋ねてみました。

　「ママは幸せ？」

　「幸せよ」

　「辛いことや大変なことはないの？」

「もちろんあるわよ。息子は17歳になってもまだ小学校から卒業できないし、家もすぐ浸水するし、満足なお金もないし」

「でも、なんで幸せなの?」

「あなたが会いに来てくれるからよ」

私は、何とも言い返すことができませんでした。「今」という時間を楽しむ、それが、彼女らの日常生活でした。当たり前と言えば当たり前なのですが、何となく、フィリピン人の幸福度の高さが、少しわかったような気がしました。

口先だけの「ありがとう」

また、こんなエピソードもありました。住民と一緒に、私達がよく利用するファーストフードで昼食を取ったときの話です。

私達は、お腹が空いていたので、住民より早くオーダーをしました。しかし、住民は一向にオーダーをしません。すると、「これは私達にとっては高過ぎる。貧しいから財布の中身を見られることが嫌だ」と。

私は、自分のことにしか焦点を当てていませんでした。その住民は、前日に自らつくったアクセサリーを大量に無料で提供してくれました。しかし、彼女は私達が普段から利用するファーストフード店でオーダーすることができないくらい収入に困っていました。それにもかかわらず、私たちに喜んでもらいたいという一心で、無料でアクセサリーを提供してくれたのです。

フィリピン人といると、無意識化されている行動や言葉が、よく意識化されます。口先だけの「ありがとう」は、本当の愛ではないことを教えてくれました。

私にとって、学生NGOは弱い自分と向き合える場所で、成長のきっかけを与えてくれる場所でした。

第5章

いつも
チャンスに恵まれる
生き方の習慣

1　少年よ、大志（仮）を抱け

Take より Give である

　使命を探して行く上で、私が講演でよく紹介する考え方があります。

　それが、英語では「Purpose Diagram」（目的の図）と呼ばれる生きがいマップです。You love it（あなたの大好きなこと）、You are great at it（あなたの得意なこと）、The world needs it（世間・社会が必要とすること）、You are paid for it（あなたが支払ってもらえること）をすべて重ね合わせた中心こそ人生の目的だと表現した図です。

　４つの条件を満たせば生きがいになるというこの図ですが、重要なのは、先ほど挙げた順番で満たしていく必要があります。お金にするには後でやり方を学べばよいですが、「好きなこと」「得意なこと」は後で学べないからです。

　人から求められていて、お金がたくさん稼げるとしても、自分がやっていても楽しくないなら虚しいものです。

　好きでないと、気は楽だが空しく感じます。得意でないと、刺激的だが、自己満足で不安定です。稼げないと、楽しくて満たされるが、富は得られません。世間が必要とすることでないと、満足するが無意味に感じます。

　好きなことだけで生きていくということは、やり続けることが苦にならないから、得意なことに進化しやすいです。さらに、好きで得意なことは、他の人より時間をかけずに提供できるので、他の人からありがたがられ、喜んで対価を払ってもらえます。それは、全世界とは言わなくても、コミュニティーの大小はあれ求められます。

今回の出版に至った経緯も、思い返せば生きがいマップの例に当てはまります。まず、私は、人前で目立ったり注目されたりするのが好きでした。次に、講演したり、発信したり、スピーチやSNSマーケティングが得意になりました。そして、この度オファーをいただき、私の考え方が世間に求められるようになり、その対価として本の売上が入ってきます。これらの重なりが大きくなって、私の生きがいとなっていきます。

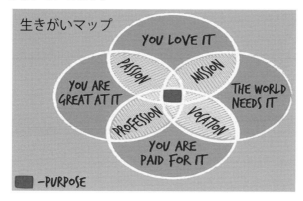

動詞で同志を

　では、生きがいや志を言葉に実際に起こしてみようと思います。第2章「能ある鷹は爪を出す」で紹介したタイプで、皆さんは何のタイプに当てはまったのか覚えていますでしょうか。強みを活かした志をつくる動詞を、ソーシャルスタイル理論でのタイプごとに紹介します。

　「エクスプレッシブタイプ」は、「挑戦する」「前進する」「変革する」「達成する」「開拓する」といった言葉です。職業で言えば、サービス、営業、ＩＴベンチャー、証券、エンタメ、イベント、企業、デザイナー、芸人などです。

　「エミアブルタイプ」は、「支援する」「助ける」「導く」「育てる」「支える」といった言葉です。職業で言えば、旅行代理店、プランナー、プログラマー、カウンセラー、ジャーナリスト、作家、神父、警察官などです。

　「アナリティカルタイプ」は、「探求する」「つくる」「解決する」「極める」「分析する」といった言葉です。職業で言えば、弁護士秘書、専門家、経理・財務、医療事務、公認会計士、介護士、作業療法士、看護師などです。

　「ドライビングタイプ」は、「役に立つ」「調和する」「応援する」「場をつくる」「つなぐ」といった言葉です。職業で言えば、経営者、政治家、人事、コンサルタント、社内SE、学者、教師などです。

　行動することも発信することも大切ですが、その前に自分は何を起点にするのかという志が最も大切です。闇雲に行動してもがむしゃらに発信しても、仲間は集まりませんし、仮に集まったとしても、それは単なるグループです。だからこそ、まず自分の動詞で生きがいを仮決めして、同志を集めましょう。

夢は生まれ変わる

　1度決めたら、達成するまでやり遂げなければならないと思い、壮大な夢を考えるあまり、決まらないという人も多くいるのではないでしょうか。

　私も、過去はそうであり、学校で一番嫌いな時間は夢作文でした。小学生の頃は、他の職業がどんなものかもわからなかったので、とりあえずどの作文にも、「プロ野球選手になって、三冠王になる」と書いていました。ただ、この夢はいずれ変わるだろうと思いながら、とりあえず書いておきました。このことで、本当に練習を頑張って野球は上手くなりました。

この「とりあえず」、仮でもよいから決めておくというのが大事です。私が中学時代に使っていたイチロー選手のファイルに、「夢は近づくと目標に変わる」という言葉が刻まれていました。

例えば、あなたが来週、目の前にある大きな山を登ろうとします。すると、それまでに体力をつけるために走ったり、体の調子を整えるために食事のバランスに気をつけたり、前日までに登山中にベストな状態で臨むために必要なものを準備したりします。

そして、いざ頂上まで登ると、目の前には絶景が広がっており、その先にはさらなる大きな山があることを発見し、今度はもっと高いところから絶景を見てみたいと思い、さらなる挑戦に向かいます。

1度夢が決まると、それを達成するためにはどうすればよいのか戦略を考えて行動していくうちに、目標に変わっています。だからこそ、「将来変わってもいいや」という気持ちで仮に決めることが重要です。

そして、この軽い気持ちで考えておくことで、達成したときに完全燃焼になることなく、次の面白そうなチャレンジに飛びつくことができるフッ軽な状態になります。

夢は、何度も変えてよく、修正していいものです。人は、仮説が立つと、それを実証したくなってしまう性質を生まれ持っています。頭の中に大きな「？」が浮かび上がると、「！」に変えてしまいたくなるものです。今興味あることに没頭し、やりたいことがあるなら、思考を言語化し、発信していくことで、明日からの一歩目が変わってきます。

本は人生の加速装置

さて、志が仮決定したところで、行動してみましょう。でも、何からしていけばいいのかわからないという人におすすめの行動3

種があります。

　それは、元ライフネット生命保険創業者で、現在は APU（立命館アジア太平洋大学）学長の出口治明氏が「人・本・旅」と語るように、いろんな人に耳を傾け、いろんな本に目を向け、いろんな所に足を運ぶことです。

　旅の重要性については第 4 章「ブサイクにも旅をさせよ」でも語りましたし、人の重要性は次の「花寄り談合」で語りますので、ここでは本の重要性について語ります。

　私は、年間 700 冊本を読む読書家で、教育や心理学、リーダーシップなど、ビジネス書を通勤の行き帰りに 1 冊ずつ読んでいます。教育者として常に「自らが学習の担い手」であることを心がけています。

　読書量と年収は比例しており、「Business Management Degree」によると、ビル・ゲイツやウォーレン・バフェットのような大富豪を含む富裕層と年収 3 万ドル (約 300 万円前後) 以下の層については、富裕層は 88％が 1 日 30 分以上ビジネス書などを読むのに対して、年収 300 万円以下層は 2％だそうです。

　文化庁が発表した『国語に関する世論調査』の結果でも、読まない人は 47.3％で、7 冊以上の人は 3.2％となっています。結果からわかるように、トップ 5％の人材になるには、月 7 冊読めばよいというシンプルな考えです。おすすめの本は YouTube で紹介していますので、ぜひご視聴ください。

速読の技術

　本は、1 冊丸ごと読む必要はありません。小説を味わって世界観に入り込むのはよいですが、日本にダイレクトマーケティングを導入した神田昌典さん曰く、「著書が本当に言いたいことは全体の 4％

から 11％である」のとおり、必要な情報だけを先に決めておいて取捨選択する読み方がおすすめです。

　そして、多くの場合、著書が本当に言いたいことは最初の章に語られています。また、本は本屋で買うのではなく、図書館で借りることをおすすめします。

　私は、性格上、「せっかく買ったのだから一言一句すべて目を通さないともったいない」と思ってしまいます。しかし、多くの著者は、読破してほしいのではなく、読者の行動変容を求めています。だから、図書館で借りることで、大胆に読み飛ばしていき、すぐに行動するほうが読者も著者も満足することができます。

　そのもったいない精神が緩和するだけではなく、本を返却しに行くので、ついでにまた借りてしまうという嬉しい図書館の罠にはまることができます。

　人のアウトプットは、インプットで決まります。どのような情報をどれだけ受信したかで、どのように行動し、どのように発信していくかに比例します。

　私が好きな言葉の 1 つに、「体は食べたものでつくられる。心は聞いた言葉でつくられる。未来は話した言葉でつくられる」があります。本は、人生の時間を増やすのと同じ効果があります。本書も人生 25 年の情報を詰め込んでいますが、早い人であれば 1 時間で読めてしまいます。リアルに自分の時間を増やすことはできませんが、時間をかけずに体験を獲得することができます。

YouTube 学習

　とは言っても、本は読む気にならないという人には、YouTubeがおすすめです。私も、所謂、教育系 YouTuber の動画をよく拝見しており、7 つのチャンネル登録しています。

1つ目は、「メンタリスト　DaiGo」さんです。実は、本書で紹介されているエビデンスも、いくつか DaiGo さんが動画で紹介していた大学の論文を参考にさせていただいています。私達が普段生活していたら出てこない情報ばかりで、科学的根拠に紐づいて日常で役立つものばかりです。

2つ目は、「中田敦彦の YouTube 大学」さんです。これも正直、授業の生徒の掴みで、日本史や世界史の動画を参考にさせていただいています。芸人という強みを最大限に発揮し、学ぶって楽しいということをホワイトボードとトークだけで伝えています。

3つ目は、「NewsPics」さんです。特に WEEKLY OCHIAI や OFFRECO も好きですが、特に THE UPDATE は話題のテーマを議論するのにふさわしいゲストを招いて徹底討論するのが魅力で、私もいつか出てみたいという夢もあります。

4つ目は、「堀江貴文 ホリエモン」さんです。HORIE ONE もよく観ますが、ビジネストピック解説はニュースで語られない真実や裏側がホリエモン節炸裂で聞けます。

5つ目は、「新 R25 編集部」さんです。ビジネスの第一線で活躍する方々のインタビューを通じて、身近な学びや人生の活力になる情報が手に入ります。

他にも、最近は、有名人とのコラボ動画にも魅了されている「鴨頭嘉人のビジネス YouTube」さんや、ビジネスマンに役立つ知識が書籍解説を通して理解できる「サラタメさん」も登録しています。

私は、移動時間に視聴したり、ゲーム中に「ながら」聴きしたりしています。YouTube 学習のよさは、コロナ禍でイベントや講演会に参加できなくても、その人に YouTube 上で話を聞くことができます。イベント会場までの時間や交通費を気にすることなく、無料でベッドに寝ころびながらでも見られてしまうのがよいところで

す。

　他にも、おすすめの関連動画もアルゴリズムで出てくるので、自分がそうした情報を求めに行くと、どんどん YouTube 側も惜しみなく情報を出してくれます。

自己成長で他者貢献

　人・本・旅を行動していくと、自分に自信がつき、成長します。それだけではなく、その行動から得られた学びを求める人も現れます。

　もし、あなたの周りで海外に１人旅をしようか迷っている人がいるとします。そしたら、その人は「英語はどうしたのか」「食事はどうしていたのか」「何か危険なことは起きなかったのか」など、あなたに相談します。あなたは自分が気づいた学びや行っていたことをそのまま話すだけで、その人の問題が解決されます。

　読書の場合も同様に、人間関係で困っている友達が近くにいたとして、たまたま先週読んでいたコミュニケーションに関する本の知識を１つ教えてあげるだけで、その友達の問題が解決されます。

　このように、自分が行動して成長した分だけ、人の問題解決に貢献することができます。その回数や品質が高いほど、その対価として報酬がもらえます。

　ここでのポイントは、やはり志から一貫した行動をとっていくことです。自分の志を実現していく上で必要な情報を取り入れてください。先ほど紹介した鴨頭さんも、「よい情報はまき散らす」とよく仰っています。

　自分の成長した要因を自分だけで隠すのではなく、人にどんどん拡散していくほうが有能な時代になっています。これまでは、情報を隠し持っていて、有料で渡すというのが主流でしたが、音楽業界

を見ればわかるように、ライブ撮影を許可し、SNSで拡散してもらうことで知名度を上げるアイドルは増えています。

　1人ひとりがメディアを持つ時代だからこそ、あなたに問題解決された人がFacebook投稿したり、知人を紹介したりしていき、またさらににチャンスが巡ってきます。

世界はまだ君を知らない

　どれだけ価値ある問題解決をしていても、ググっても、あなたが表示されなければ、この世に存在していないということになります。

　今回インタビュー対談させていただく田中研之輔教授にも、本出版をご報告した際に、「それだけ発信していたからね」と言っていただきました。とにかく行動したら、すぐ発信を繰り返した結果の賜物です。

　私が発信しているメディアをすべて挙げると、Facebook、Twitter（@shokyroom）、Instagram（@shokyroom／@shokybook）、note（@shokyroom）、LINE BLOG（@vision8power）、YouTube（【会いに行く講演家】一場翔貴）、LINE OpenChat、ペライチの他にも、CatalystのFacebookやTwitter、Instagramでも発信をしています。過去にも、TikTokやVimeo、アメーバブログにも手を出しています。

　これだけやるのは、メディアはとにかく量だと思っているからです。メディアごとにユーザーの特性は変わるので、正直どれが当たってどれが外れるかはやってみないとわかりません。

　私の場合、YouTubeのクリック導線媒体で言えば40％がFacebook、Twitterが30％、ペライチが20％ですが、noteやLINE BLOGにしかいないフォロワーも多くいます。プライベートを晒しているInstagramのストーリーだけを見ている方もいます。

だから、使えるメディアはすべて使い倒すことが重要です。

　上手く運用するには、メディアごとに発信方法を変える必要はあります。私も、Twitter には YouTube の URL だけを張るのではなく 1 分程度に短く切り取って動画をそのままアップする工夫はしていますが、どれも数々使って分析してから自分に合う方法を探していきました。

YouTube の可能性

　前掲のメディアの中でも、最も皆がやるべきメディア第 1 位は YouTube です。

　私が YouTube を本格的に始めたのは、2018 年 12 月でした。きっかけは、講演依頼をした高校での出来事でした。私は、もっと全国で講演がしたいと思い、講演会を開いたりキャリア教育に力を入れたり、SGH（Super Global High school）に認定されている全国 400 校のメールアドレスをリストアップして連絡したことがあります。

　そのうち、3 校だけ返信があり、講演のお願いをするためだけに京都、島根、愛知を訪れました。そのときに、言葉だけで伝えてもイメージしてもらえないと思い、非公開で YouTube にアップした動画を見せたところ、反応がよく、講演させてもらえた経験がありました。

　そこから、公開して誰でも見られることができれば、講演のオファーをもっと貰えるかもしれないと思ったのが始めたきっかけでした。

　私は、それまでアメーバブログで発信をしていましたが、その時より影響力はつきました。それは、文字から動画へとメディアの主流が変遷しているからだと思います。5G が普及してくれば、さら

にその波は押し寄せてくるでしょう。

　そのことを裏づけるデータを紹介します。Forrester Research 社は、「動画の埋め込まれたページは、埋め込まれていないページに比べて、約 53 倍の確率で検索結果の 1 ページ目に表示される」と発表しています。他にも、YouTube を観る人は 68.7％に対して、投稿する人は 3％という発信者が優位性を持てるのが強みです。

何を買うかより誰から買うか

　広告収入だけで稼ぐ所謂 YouTuber ではなく、自分の存在を世間に認知してもらいたかったり、自分の商材をより多くの人に届けたかったりする人は、チャンネル登録者数は気にする必要ありません。

　今は、信用経済と言われ、何を買うかではなく、誰から買うかを重視する消費者が増えています。私の講演も同様で、同じような話をする人は大勢いらっしゃいますが、「翔貴さんの話が聞きたい」と思っていただくには、出会う前から信用を積み上げておく必要があります。

　そのために、まず YouTube で私と出会っていただき、もっと観たいと思うなら違う動画も観てもらい、直接会って話を聞きたいという方が私のところにオファーをいただくような流れになっています。

　だから、よく会話でも、私から「初めまして」と挨拶すると、「初めましてですけど、3 か月前にお会いしています」と返されるような事態になります。

　講演を呼ぶ学校側の一番の心配は、「この人、実際どんな人なのか」ですが、先に動画を視聴していただくことで、安心していただけますし、どの話が理想の講演に近いかを事前に選んでいただくので、打合せも必要ありません。オンラインで信用貯金を積み上げて

おくことで、オフラインで交渉がスムーズに行きます。

同志＝影響力

　行動して成長した分だけ、その人の問題解決のレベルや回数も垂直的に上がっていきます。そして、発信した分だけ、問題解決される人の数が水平的に増えていきます。そうして、行動と発信を繰り返せば、あなたのファン（信者）が増えていきます。

　新入社員研修で、「信者」がいる分だけ「儲」けられると教わったことがあります。自分のコミュニティーに仲間を巻き込むことで、まるで教祖のように、教えを説き、崇められる存在になります。そうして構築された人脈が、チャンスの鐘を鳴らしてくれます。

　例えば、良質な友達がFacebookで増えれば、いつもタイムラインには良質な情報が流れてきますし、良質な仲間をLINEのOpenchatに招待すれば、参加者間の良質な出会いにも貢献できます。

　私が掴んできたチャンスの大半の最初は、実は自分で掴みに行ったのではなく、紹介です。情報経営イノベーション専門職大学の客員講師を務めているのも、最初は共通の知人から紹介されて飲みに行った席で決まりましたし、今の会社に内定式が終わっているにもかかわらず12月に就職できたのも、共通の知人からリクルーターを紹介され、人事に繋がれて採用となりました。

　チャンスに気づき、掴み切れたのは、行動と発信で同志がたくさんいたからです。私も、普段紹介されるだけではなく、同志を繋げることも多々あります。すると、多くの場合は、マッチングに感謝され、また「面白い人いたら紹介して」と言われます。

　すると、紹介された人からの私の評価は勝手に上がっており、今度は紹介されたりします。そうして、人や情報を相互に交換してい

くことで、市場では安い野菜がスーパーマーケットでは高くなるように、自分のレベルだけでは到底会ってもらえない人にまで、箔がついた状態でリーチできるようになります。

　ただし、箔がついていることを過信したまま会ってしまうと、その人との信頼は築けず、さらに紹介していただいた方にも迷惑がかかってしまうので注意が必要です。

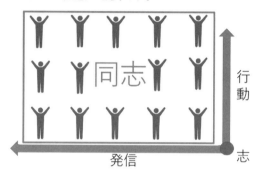

2　花寄り談合

聴＝耳＋目＋心

　私は、とにかく人に会いまくっていました。自分から会いに行く場合もあれば、紹介されて会いに来てもらう場合もありました。

　人と話すときに、一番意識していたのは、聴き方です。Zoom 等のオンラインでの会話が増えている現代こそ、聴き方が非常に問われています。直接会っている以上に視覚情報が増えますし、話を聴いてもらっているという認識がどうしても薄れてしまうからこそ、「私はあなたの話を聴いていますよ」というメッセージを体全体から発信する必要があります。

私も、Zoom のときには、自分が話を聴いている場合は画面を見るのではなく、カメラを覗くようにしています。そうすると、話をしている人からすれば、画面を見ると相手とアイコンタクト取れている状態になり、聴いてもらっている感が醸し出せるからです。

　コーチングでは、傾聴、承認、質問を繰り返すと言いますが、一番初めの傾聴が最も重要です。人は、聴いてもらえる人の話を聴こうとします。

　例えば、何か悩んでいる人に向けてよいことを言ったとしても、普段その人の話を聴いていない人から言われると、「何もわかっていないくせに。こんなときだけ調子に乗りやがって」と心の内では思っています。

　一方、あまりよい言葉をかけなくても、普段よく話を聴いてもらえている上司から「大丈夫か」の一言だけで、相談しやすくなります。

　考えてみればイメージできますが、「絶対に怒らないから言ってみろ」と言われて、安心して話をすることができるでしょうか。仮に話せても、その後、相手に何か言われることは間違いないでしょう。何かを話す前に、まず聴くということは非常に大切です。

　「きく」には2つ漢字があり、「聞」はただ耳で音を聞くことですが、「聴」には「耳」と「目」と「心」が含まれていて、体全体で話を聴くことです。

相槌テクニック

　私が特に意識していたのは、相槌でした。まず、おうむ返しすることです。会話を続けることが苦手な人は、言葉の最後の部分だけを復唱します。

　「私さ、パンケーキが好きなんだよね」と言われたら、「へー、好きなんだ」と肯定するだけで、勝手に相手が話を補足してくれます。

石田純一さんは、女性と会話するときに、この相槌だけで２時間会話ができるそうです。

　次に、リアクションが大きいことです。私は、1.2倍のテンションで返すようにしています。相手が盛り上がってきたら、こちらも少し盛り上がり、相手が落ち込んできたら、こちらもその下をいくテンションで応対します。

　最後に、共通点がなければ共感することです。よく共通点を探して信頼を築くと言いますが、そうそう共通点はないですし、無理に共通点を合わせにいくと、相手が深く話をし出したときについていくことができずに、相手に見破られてしまいます。

　だから、「休日はカフェ巡りするんだ」と言われたら、「食べるの好きなんだね」「アウトドア派なんだね」と広義的に意味をとらえると会話が途絶えません。

　他にも、相手に話を聴いている状態を強く主張するためにノートでメモを取ったり、人が一番聴いて心地がよい言葉である本人の名前を意識的に呼んだり、いろんな仕掛けをして、「あなたに興味があります」というメッセージを非言語で伝えていました。

グッドスピーカーはグッドリスナー

　何度も言いますが、相手に話を伝えようと思ったら、注意しなければいけないのは話し方よりも絶対に聴き方です。

　不思議なもので、人は、自分の話を聴いてくれる相手の話をよく聴くようになっています。まさに鏡のように、まずは自分が相手の話を聴くことによって、結果的に相手も自分の話を聴いてくれるようになります。

　あとは、振り子の法則があるように、聞く力と伝える力は比例します。アメリカの世界最高峰のプレゼン大会と言えばTEDですが、

なぜあの人たちがあれだけの話ができるかと言うと、世界最高峰の聴衆がいるからです。

スタンディングオベーションで拍手喝采したり、まるで自分が体験したように落ち込む様子を見せたりと、とにかく聴く力が凄いです。

これには、私の原体験があり、大学1年生で国際協力団体の代表になったときでした。人前で話すのが得意で、プレゼンテーション力もあると自分では思っていましたが、実際のところ、メンバーには自分の想いがうまく伝わっていませんでした。その代わり、話すのが得意ではないけどメンバーの話をしっかり聴いていた副代表の話を、皆は受け入れていました。

つまり、自分が話すばかりでは、相手も聞いてくれません。自分が相手の話を受け入れてはじめて、相手も自分の話を受け入れてくれます。

まずは、自分が相手の話を聞いて理解者になってあげることが、結果的に自分の話を相手にうまく伝えるコツになります。

皆さんも、恋人がいる友達から相談を受けたとき、「だって彼氏がさあ」と話を切り出され、話をひたすら聴いていただけで、「でも私が悪かったかな」と自分で解決して帰っていた経験はないでしょうか。

特に、女性が強い傾向はありますが、問題を解決してもらいたいのではなく、単に話を聴いてもらいたいだけで、これをカウンセラー用語でトークスルーと言います。自分が話す前に、まずは相手の話を聴きましょう。

同じ釜の飯を食う

話をするときには、ご飯を一緒に食べることがおすすめです。あ

る実験では、昼食を1人で取る人と、誰かと昼食を取る人では、誰かと一緒に昼食を食べた人のほうが、上司からのパフォーマンス評価が高いと言われています。

パフォーマンスの高い人は、コミュニケーション力が高いのでご飯を誘っているのではないかという相関関係は定かではありませんが、いずれにせよ本来食を奪い合うという生物本能がある人間が、食を共にするという行為をするということは、それだけ相手に気を許しているとも言えます。

また、食事をすると、体内温度が急上昇し、気分がよくなるともいわれています。

外交でも、その国の大統領と食事をするかしないかは、その国との緊張関係を示します。小泉総理が北朝鮮に拉致問題を解決しに渡航した際には、あえて相手に緊張感を与えるために食事は別部屋で取ったそうです。

漢字を見ても、食という字は、人を良くすると書きます。食事の場では、単純接触効果と両面提示効果が発揮されます。

前者は、長所ばかり並べると胡散くさく感じるが、短所を織り交ぜると信頼性が上がる効果です。

後者は、会う回数が多ければ多いほど、質に関係なく、その人のことを受け入れていく効果です。

会議室と居酒屋では発言や態度が変わるように、オンとオフ両方の姿を見せることが大事です。距離を詰めるのに最も効果的なネタは、やはり恋バナです。

人間らしさを見せていくのは大事で、男子同士なら下ネタです。私もインドネシア野球代表でキャプテンしていたときには、下ネタを現地語で話したことで一気に仲よくなっていったのは覚えています。

私も、人と会う前には、その人の Facebook 投稿を直近 1 か月くらい見返したり、Instagram のストーリーから情報収集したり、何に興味あるのか把握して、共通点を探しています。

話を 3 点にまとめる

　私は、人に会いに行くとき、事前に聴きたいことを 3 つのテーマに絞っていました。そして、まとめたものを「きょう聴きたいこと」として先に話していました。これを " ポインティング " と言いますが、プレゼンテーションも今日のアジェンダを伝えてから話すのが基本で。終わったら最後にまとめとして、それを復唱していきます。

　なぜ 3 つなのかというのは、理由があります。

　理由 1 は、反論の余地を残さない最低限必要な数が 3 だからです。「ベイズの公式」というものがあり、これは 1 つの証拠があり、次の証拠も同じ結論を裏づける可能性は 66.6 ％。2 つなら 75 ％、3 つなら 80 ％って続いていきます。

　多ければ多いほうがよさそうですが、4 つ目以降は 83.3 ％、85.7 ％と微増になっていきます。つまり、3 つ理由があれば、8 割正しいということで、なるべく少ない証拠で、かつ高い確率であるのが 3 つということです。

　理由 2 は、人間の短期記憶に残せるフレーズが 3 つ程度だからです。「ミラーのマジカルナンバー 7 ± 2」と呼ばれる実験結果があり、これは人間の短期記憶（ワーキングメモリ）には、7 つの数字しか入れられないというものです。

　その後の実験でも、数字であれば 7 つですが、文字だと 6 つ、単語だと 5 つであることがわかっています。

　だとすれば、単語のコンビネーションである文章では、さらに少ないはずです。あるフレーズを聞き手の脳裏に刻み込みたいのであ

れば、3つ程度が限界ということです。

　理由3は、プレゼンの達人達は3を多用しているからです。スティーブ・ジョブズは、商品の特徴や抱えている課題を述べるときにも3つの特徴をピックアップして説明していました。

　3という数字にこだわっている多くの成功事例が物語っているように、3つのポイントにまとめられた説明は、聞いていてリズムがあり、聞いていて飽きないし、印象に残りやすくなります。

　理由も3つに無意識に例を挙げていましたが、ぜひ3つでまとめてみましょう。

意外な幕開け

　ここでプレゼンテーションの話が出たので、本題からは少し外れますが、何度も実践経験がある私からポイントをご紹介すると、オープニングが非常に重要です。期待感を演出するには、意外なことから始めましょう。

　私は、大学時代、結婚式のブライダルで配膳をしていたので、何度も主賓の挨拶を見てきたのですが、よくある挨拶は「ご紹介に預かりました新郎の上司に当たります株式会社○○の田中と申します。甚だ高いところからではございますが、ご指名でございますので、私から一言お祝いのメッセージを伝えさせていただきます」です。

　このとき、多くの人は、その日の食事メニューに目を向けたり、久々の友人との思い出話に花を咲かせたりしています。

　そういったオープニングが普通の中、1つだけ覚えているスピーチがあります。

　緊張した面持ちで登壇した新郎の上司が、いきなり「結婚生活で大切なことは、3つあります。お袋、給料袋、そして、…あと1つ

何だっけ。あっ、玉袋！」と爆笑の渦が巻いていました。

　正直その後の話を覚えていませんが、そのときのスピーチには、「この人また何かやらかすかも」という期待があり、誰1人とおしゃべりをする人はいませんでした。ここまで笑いを取る必要性はありませんが、意外な一言目だけは考えておく価値はあります。

　私も、講演では原稿を用意しませんが、一言目に何を言うかは時間をかけて考えます。聞き手に今日の話を聴かないと損すると思ってもらえるようなスピーチが理想です。

バイキンマンの ENEWS

　これも本題からは脱線しますが、講演経験から導き出した私なりのスピーチ構成があります。

　この話し方で別冊をつくりたいほど、話すことはたくさんあるのですが、要点だけお伝えします。

　それは、ENEWS です。話すことが苦手な人にとっては、よいニュースです。これは、スピーチ構成で大切な5要素の頭文字を繋げている私の造語です。

　1つ目は、Experience（体験）です。自分の経験したことを、ありのままに語りましょう。すると、聴衆の心の中は「ほー」となり、何をどう体験してきた人なのか頭で理解してくれます。

　2つ目は、Notice（気づき）です。その経験を語るだけでは単なる小学生の感想文なので、そこで得られた学びを語りましょう。すると、聴衆の心の中は、「へー」となり、何をどう考えてきた人なのか頭で理解してくれます。

　3つ目は、Evidence（証拠）です。自分の意見だけだと、あなただからできたこととなってしまうので、その学びを裏づける理論や名言など、社会的実証を引用しましょう。すると、聴衆の心の中は

133

「ふーん」となり、自分もやってみようかなとその学びを体得しようとなります。

　４つ目は、Workshop（実践）です。その学びを頭で理解することに留まらず、体感してもらえるようなワークショップを考えましょう。

　すると、聴衆の心の中は「ひー」となり、わかっていてもなかなかできないことに葛藤が起こります。

　５つ目は、Share（共有）です。その葛藤を放置しておくとフラストレーションになってしまうので、それを仲間と共有してもらい解放しましょう。

　すると、聴衆の心の中は「は！」となり、自分だけが苦しんでいた訳ではないと安心したり、私の言葉では理解できなくても普段付き合っている友人の言葉なら理解できたりするということも起きます。

　ここまで１つの体験で15〜20分をセットで組んで、あとは講演時間に合わせて、それを２セットなのか３セットなのかは判断してきます。

　この聴衆の心の中を、逆から辿ると、「は！　ひーふーへーほー」とバイキンマンのセリフになります。

２人の恩師

　これまで偉そうに、コミュニケーションの極意を述べてきましたが、私も、ある２人の前で自分のふがいなさにその場で涙した経験がありました。

　まず、横浜創英中学・高等学校（当時は麹町中学校）の工藤勇一校長です。教育業界では大変有名な方で、お会いする前から何度も本を読んだり YouTube で講演の様子を覗き見させてもらったりし

ていたので、まず会えるだけでテンションが高かったことを覚えています。

校長室に通されると、椅子に座ってあの鋭い目つきで挨拶をされました。10分程度、私の講演実績や内容を語り終えると、一言、「で、あなたでなければいけない理由は何なの」と返されてから、立て続けに、工藤校長がこれまで呼んでいた講演会の話者の話をされました。

そして、何も言い返せない私は、その場で涙を流し、帰り際に、1枚写真を撮影していただき、「いつか工藤校長が私を呼びたいと思われる男になってきます」と告げてその場を後にしました。

しくじり対話

次に、札幌新陽高校の荒井校長です。ビリギャルで有名になった小林さやかさんを学校に招き入れたことで有名で、会う前にも映画を見ており、話をするために寒い冬に札幌まで行きました。

市内のカフェでお会いしたのですが、私が冒頭10分で抽象度の高い質問ばかりしてしまい、一言、「で、あなただからやりたいことは何なの」と返されてから、立て続けに、荒井校長がこれまで孫さんの横で実践してきたことや学校での変革を語ってくれました。

今、2人から同じ質問されても、正直、「私でなければいけない」理由はわかりません。自分のアイデンティティもよくわかっていません。しかし、これだけは言えるのは、自分の使命を常に探し続けることに価値があるのではないかと思っています。

どちらも留学から帰国後で、全国を講演で駆け巡り、YouTubeもやって周りからチヤホヤされ浮かれているときでした。正直その頃学校に招き入れてもらえれば100％講演をさせてもらえる状況だったので、この日も講演させてもらえる前提で校門をくぐっていました。

しかし、準備を怠り、時間をいただいている意識が低く、詰められることになったのです。

適切な謝り方

私は、無限島の開催前に、参加者から大クレームをもらいました。参加者 LINE グループでの私の何気ない一言が逆鱗に触れてしまい、参加もキャンセルされることになったことがありました。

事が起きてから数日後にパートナーから事態を聞かされ、謝罪も自分の忙しさを理由に先延ばしにしていまい、深刻さを認識していませんでした。

自分の正義を言い訳のように話し、表面上での謝罪しかしておらず、責任能力に欠けていました。この電話で謝罪が終われば再び関係を持つことはないと思い、再発防止策も考えていませんでした。

その結果、かえって謝罪電話が火に油を注いでしまいました。そこで学んだのは、上手に謝ることで、自分の心を心軽やかにしておくだけでなく、相手の心まで和ませられることです。

「ちゃんとやらないと」「人に価値を与えないと」など、正義感や責任感が強い人は、「力を貸してください」が言えないことがよくあります。１人でがんばり過ぎるため、反動で１人の時間に気分が落ち込みやすいのです。

一方、自分の非を認められる人は、すぐに力を借りられます。プライドを持つことは大切ですが、時には押してダメなら引くことも大切です。

その引く際に必要なのは、適切な謝り方です。謝ることが上手な人は、その謝罪を機にチャンスを与えてくれるような関係性になりますし、下手な人は、その謝罪を機にその人との縁を切りチャンスを逃してしまいます。

ポイントは、タイミングよく、言葉を選び、丁寧に謝ることだと、この経験から学び、ハッキリ言っても嫌われない人生、ハッキリ言うことで愛される人生を目指していこうと心に決めました。

告ってはフラれて

　コミュニケーションでのミスは、何もビジネスだけではありません。あまり恋愛の話を普段することはないのですが、思い返せば数々の失敗経験から学んだことがあるので共有します。

　私に初めて彼女と言える存在ができたのは、大学1年生の5月でした。それまで中学校で2人付き合った経験はありましたが、一緒に帰るくらいのことしかしておらず、高校時代はアイドルを追って現実逃避していましたので、彼女が欲しい、いやむしろ彼女がいるステータスに憧れていました。

　しかし、そのステータスで付き合い始めたため、1年も持たずに別れを切り出してしまいました。今の彼女と付き合うまでは、本当に自分を後悔するほど素晴らしい人間性を持っており「結婚するならこの子」と思えるような子でした。

　そこからは、ハグされ、勘違いして告白したらフラれ、富士山で苦難を共にして決死の覚悟で伝えたら頂上でフラれ、何度か飲み仲よくなって告白するも仕事を優先したいとフラれと、立て続けにフラれてきました。

　告白することができずに諦めてしまったことも含めると、2桁は失恋を繰り返すという非常にモテない男でした。

　ここから学んだことは、3つの "ing" です。よく巷の恋愛本でも書かれていることですが、私の経験とよく重なる点が多いので紹介します。

　まず、1つ目はTimingです。私は、好きになったら、その人の

ことしか考えられなくなる傾向があり、相手の状況を考えず、自分都合で突進していました。

　次に、2つ目はFeelingです。お互いの気持ちを共有することなく、亥年のせいか、恋愛も諸突猛進タイプなので、気に入られようと、自分の素を出すより必死に相手に合わせようとしていました。

　最後に、3つ目はHappeningです。デートを重ねて丁寧に相手との距離を詰めていくことができないので、トラブルが起きる間もなく気持ちを伝えていました。

　逆に言えば、今1年付き合っている彼女とは、こうした3つの"ing"が綺麗に重なったのだと思います。

3　魔法の言葉3D

マッチョでラブリーな同世代

　私が、これまで紹介してきた数々の言葉の中で、皆さんにとって響く言葉や考え方が1つでもあれば幸いです。

　しかし、まだ残念ながら1つも出会えていない方や、まだまだ刺激的な言葉が欲しいという方もいらっしゃるかと思います。

　そこで、「チャンスを掴む気づき力がある」「行動力または発信力に長けている」「周囲が同志で溢れ影響力がある」「一場翔貴の素顔を知っている」「一場翔貴に影響を与えた存在」の5項目で思い浮かぶ同世代の中から悩みに悩んだ末、次の仲間にオファーさせてもらいました。

　それでは、お1人ずつ紹介していきます。

　1人目は、平和のための環境創りを志す、ゆーやこと新谷佑也（NPO法人 The Peace Front：理事／Catalyst：共同創業者）です。

　2人目は、若者教育を志す、たいがこと小峠大河（新卒採用コン

サルタント／旅人）です。

　3人目は、途上国における労働搾取や環境課題解決を志す、くめちゃんこと久米彩花（立命館アジア太平洋大学：4回生／グランディッシュ合同会社：共同創業者）です。

　4人目は、日台友好を志す、とみーこと富田克将（Youtube チャンネル "Tommy Tommy Japan"：創設者・代表）です。

　5人目は、ゆるくしなやかに生きる文化発信クリエイターを志す、あかねこと坂木茜音（naimaze：個人事業主）です。

　そして、彼ら彼女らには、「人生で掴んだ最大のチャンス」「チャンスへの気づき力」「一場翔貴の素顔」「チャンスに恵まれる習慣」「大切にしている口癖」の項目でインタビューしてきました。彼ら彼女らなしに、今の私はないと本当にそう思える方ばかりです。ぜひ、学び取っていただければと思います。

人生で掴んだ最大のチャンス

新谷　起業するきっかけとなった一大事業の立上げに踏み出せたことです。売上規模、ステークホルダー、必要工数など明らかに当時の自分の実力幅を超えた提案を受けましたが、多くの支えを受けながらチャレンジしました。

　　　結果、成功を収め、起業を決断し、今の人生を歩んでいるので、印象深い経験です。当時は怖さと同時にワクワクを隠せなかった記憶があります。

小峠　「誘われたら全部行きな！　それが1年目にとって一番大事だから」―大学1年生のときに入った飲みサーで言われたその一言で、僕の人生は変わりました。

　　　高校卒業までのサッカー中心の生活から、大学入学後サッカーを辞めたことで生活の主軸を失った僕は、その教えのとお

り、バイト中であろうと、他の予定中であろうと、「終わった
ら行きます」と答えていたし、千葉での宅飲みに当日の朝誘わ
れたときにも（当時、長野在住）「今からヒッチハイクで行き
ます」と文字通りすべてのお誘いに参加していました。誕生日
プレゼントには「呼べば来るヤツ」と書かれていたほどです。

　今思えばバカみたいな話ですが、このスタンスで行動し続け
たことが、ゲストハウス建設や、TED x 登壇といった貴重な
経験をもたらしてくれたのだと思います。

　今振り返ると、私にとって最大のチャンスとは、この教えに
忠実になり、どんな状況であろうと目の前で起こるすべてのこ
とに即座に反応する姿勢を身につけたことだと思います。

久米　私が掴んだチャンスは、サステナブルファッション業界にお
いて先駆的なイギリスとドイツ、棉花の生産地であるタンザニ
アの現地企業でインターンをしたことです。

　「エシカルな消費にすることで環境問題や途上国の労働搾取
をなくしたい」という想いで大学を休学し、文部科学省の奨学
金プログラムに採択していただき、海外渡航のチャンスを得ました。

　業界最前線の欧州企業で経営戦略の実践をはじめ、生産者の
視点から途上国における服の下請工場や綿花農家の課題を発見
する機会に恵まれました。

　大学に戻り、学生生活も残り半年となった現在は、海外で得
た営業経験や専門知識を生かして大学の友人達と起業し、食品
ロスを解決するレストランの経営、講演会への登壇、モデル等、
サステナビリティの切り口から様々な分野のお仕事に挑戦させ
ていただいています。

富田　僕の人生を大きく変えた出来事は、台湾で YouTuber になっ
たことです。大学 2 年生まではごく普通な学生生活を送って

いた僕。大学3年生の際に、「何か人と変わったことを経験して就活の強みにしたい！」と考え、大学を1年間休学し、台湾起業留学をしていました。

　当時、同じ会社で働いた先輩が、休み時間に「今日YouTubeの動画撮影あるからよかったら来ない？」と一言。「ふざけたことばかりしてないで、早くまともな職につけよ…」——そのような思いを抱いたまま、物は試しと興味本位で撮影地に向かってみました。僕は何が何だかわからないまま流れに身を任せて、とにかく明るく笑顔で振る舞い、撮影もあっという間に終わり帰宅。帰宅後、その初めてお会いした方は誰だったのだろうとネットで調べてみると、何とその方は"台湾で一番有名な日本人YouTuber"だったのです。

　「これはまたとないチャンス！」と思い、そこから徐々にYouTuberに対して興味を持ち始め、日本での就活を諦め、現在に至ります。

坂木　私は、ありがたいことにたくさんのチャンスを掴んできましたが、1つピックアップするなら、2019年の年始、バックパッカーを始めて2日目のフィリピンで、前澤さんから100万円をいただいたことかなと思います！

チャンスへの気づき力

新谷　「感動に嘘をつかない」こと、これ一択です。

　そもそも誰もがチャンスに気づけるアンテナは持っていると思います。つまり、本当は気づいているんです、チャンスに。しかし、見つからないと感じてしまう原因があって、それは人がチャンスに出くわしたとき、ポジティブとネガティブの感情がセットで押し寄せて来ることだと思います。これが「感

情が動く」と書いて感動。

　ここでチャンスを掴めない人は、ネガティブな感情に目を向け、諦める理由を考え始めます。「経験がない」「失敗するかもしれない」「まだ早い」「もっといいタイミングがあるはず」とか考えてしまいますよね。それもわかります。

　しかし、逆に、チャンスを掴む人は、ポジティブな感情に正直になります。「できる方法を考えよう」「実現したら最高に楽しい」「あの人とならできそう」と考えます。リスクは承知で未知へ飛び込めるんです。このように、自分の感動に蓋をせずに、「気持ちのタネに水をあげる勇気」こそ、チャンスに気づいて形にできる力だと思います。

小峠　チャンスに気づくためには、何より行動力が必要だと思っています。僕が考える行動力とは「①すべてを面白いと捉える解釈力」「②感情に正直になれる素直力」「③直観を信じ込める思い込み力」です。

　①人生とは、「いかにネタにできる経験を積めるか」というゲームだと思っています。そう考えると、目の前で何が起ころうと面白いと解釈できます。なので、僕は、ある事象（プラスでもマイナスでも）が起きたときに、すべてがネタになるととらえ直すことを大切にしています。

　②感情とは、行動するための原動力になるものだと思っています。一方、感情を無思考に飲み込み、向き合わない選択をしてしまうと、行動を阻む足枷になってしまいます。だからこそ、その感情がプラスでもマイナスでも、正面から素直に受け止めることを大切にしています。

　③周囲に無理と言われても、論理を超越していても、直観的にイケると思ったことはイケると信じたいと思っています。な

ぜなら、過去の経験を新たな挑戦への判断基準にすると、経験の少ない若者にとっては、行動しない理由しか思い浮かばないからです。例え根拠がなかったとしても、僕は自分の直観を信じる意思を大切にしています。

この3つの要素が、ただの"日常"を"チャンス"に変えるために必要なことだと思います。

久米　正解の道を選ぼうとするより、選択した道を最大限楽しむ最強メンタルを手に入れることです。

「当時はしんどかったけど、おかげで強くなったな」と思えることが多々あります。前述の海外での仕事先を探すために、実は50社以上に履歴書を送り9割以上が門前払い、仕事先で英会話が聞き取れない、ロンドンでは物件が見つからず格安ホテルを転々として半ホームレス生活に陥りました。

しかし、振り返ってみると辛い経験からこそ多くの学びがあって、悔しいときほど踏ん張ることができ、自分を成長させる最大のチャンスだったことに気がつきます。

現時点の実力を評価されたくて挑戦するのか、新しい力を得たいから挑戦するのか。あなたの挑戦の動機が後者であるならば、常に未知の領域に飛び込むことになります。

私は成功イメージを持ち楽しむことを第一に考え、失敗は当たり前だと割り切って、過程や結果からいかに学びを得られるかに重点を置くよう心がけています。

正しいか正しくないかではなく、吸収したことを次に生かすことが重要で、結果を急がず長い目で見て、辛くて不安なときこそ「これはまさにチャンスだ！」ととらえるマインドセットを持てたら、もう怖いものはありません（笑）。

富田　チャンスとは、人との縁と僕は考えています。よく「人との

縁は大切にしなさい」と聞くのですが、前提としてどのようにすればその「縁」に出会うことができるでしょうか。

　僕は、行動力と会話力の2つがカギだと考えます。

　ただ指をくわえて待っているだけでは、縁はやってきてくれません。一見自分が興味のないことでも、実際行動に移してみれば、「あれ、意外とこれ（この人）おもろいやん」となることが多々あります。

　まず、第一に行動し、その「おもろそうなこと」に出会った後に大事なのは会話力です。ここでいう会話力とは、話し上手になれということではなく、そのことに関して積極的かつ熱意があるということを相手に示すことです。そうすれば相手は必ずその熱意に答えてくれます。

　行動力だけがあり、チャンスに出会えたとしても、その後の会話による発展がなければ、そのチャンスは逃げてしまいます。

　前述の2つは、特別な能力も必要なく、僕みたいな単位を取るためだけに学校通っていた大学生でもできました。

坂木　1つ目は「まずやってみること」。小さな挑戦を重ねる中で偶然出会えたり、自分の中の直感や感覚が養われて掴んだりしていくものだと思います。その結果が成功でも失敗でも行動から必ず学びはあります。

　2つ目は「人に頼ること」。頑張り屋さんな人ほど意識してほしいことです。教科書に載っていることは、過去の誰かの知識の塊です。同じように自分が知りたいことやたどり着きたい場所があれば、先に経験している人に助けてもらいましょう。

　3つ目は「ポジティブ」。これに尽きます。チャンスを100％の確率で掴める人はこの世にいません。掴めたらラッキーだし、ずっと掴めなくっても、来たるべきタイミング

はきます。

一場翔貴の素顔

新谷　翔貴はかわいいやつです。本当に。表に見えている彼のタフ
な面やビジョナリーな感じだけではなくて、実はまあまあガラ
ス素材な一面があるくせに破天荒なので、ちょっと目を離すと
ルンルンしていたりボロボロになっていたり、とにかくエン
ターテイメントな男です。

　これまで長いこと彼の相方をやってきましたが、翔貴のやる
ことなすことに僕が何度「おいまじか。」とつぶやいたことか。

　もちろん、同志であり、ライバルですが、それ以上にその姿
がとにかくマスコットみたいで愉快です。

　読者の皆さんも彼から学び、応援しつつも面白がりましょう。
そして、かわいいと思えたら、あなたも一場ファン Lv.99 です
ね。おめでとう。

小峠　翔貴を一言で表すと「恐れ知らず」です。すごいチャレンジ
も、おバカな芸も全開でやってくれる翔貴は、傍から見ている
と心配になることも多々ありますが、それをも吹き飛ばすチャ
レンジ精神と家族や仲間を思う気持ちが、力を貸したいと周囲
に思わせるんです。とりあえず、ピコ太郎のものまねは最高で
す。

久米　翔貴はとにかく人思いで、誰よりもチャンスを掴み、そして
チャンスを他人に提供している人です。

　彼と新谷が立ち上げた無人島プログラムの運営を引き継ぎた
いと思ったのも、「2 人のように次世代に影響を与えられる人
に、成長の機会を創ることができる人になりたい！」と思った
のが一番のきっかけです。

　　猪突猛進で不器用で、人を頼ることが苦手なところも、周り
の人間が応援したくなる彼の魅力だと思います。

富田　翔貴とは、台湾起業留学の際に、僕が 1 人目の仲間として採
用をかけたことで出会いました。一見プライドが高そうで頭カ
チカチなやつかと思いましたが、初めて呑みに行ったとき、ピ
コ太郎のモノマネしてくれたのですぐ打ち解けられました。

　　起業時代の苦楽を共にした大切な仲間で、日本でも台湾でも
お酒を呑みながらアツイ話をたくさんしたことを覚えていま
す。

坂木　翔貴とは、一緒に富士山登った思い出が濃いです。「行きた
いねー、行くかー、いつにするー？」といったノリで、2 人と
もフットワーク軽る過ぎて行っちゃいました。

　　山に登るときは、結構本音とか出ると思いますが、割とポジ
ティブでした（実際めちゃくちゃ過酷だった）。

　　翔貴は、めちゃくちゃ頑張り屋さんなんだけど、頑張り過ぎ
て心配になるときもよくあるし、「もっと人を頼りなさ
いっ！」て思うときもあります。

　　あんまり言わないけど、この本を読んでいる皆のように悩み
もあるし弱さもあるし、これからも一緒にたくさん悩んでいけ
たら嬉しいです！

チャンスに恵まれる習慣

新谷　「チャンスに恵まれるイメージを持っておく」だけでいい気
がします。これは難しくありません。「こんな人に会いたい」「能
力を試したい」「仕事が欲しい」「こういう経験をしたい」など、
何でも OK。それでアンテナが張れます。

　　その後のルールが 1 つだけあって、「そのきっかけに出会っ

たら必ず手を伸ばすこと」です。その機会の大小にかかわらず、まずは試してみて、それが感動する「チャンス」に見え始めたら、ぜひ飛び込むべきだと思います。逆に、感動しなければ捨ててしまいましょう。

　これを繰り返しているうちに、事前に本当に良質なチャンスを見極められるようになるので、まずは欲しいチャンスをイメージして安心して何でもやることが最強だと思います。

小峠　僕のチャンスに恵まれる習慣は、「とりあえず『ありがとう』から考えること」です。

　これは以前、僕がTEDxでメッセージさせていただいた内容でもあるのですが、僕はよい精神状態でないとチャンスには恵まれないと思っています。

　とはいえ、さすがの僕でも（もちろん翔貴でも）、ネガティブな感情を持ってしまうことはあります。それは外部的な要因から来ることもあるので仕方ないんです。ただ、どんなにネガティブに捉えてしまいそうな出来事が起こったとしても、一旦「ありがとう」と言ってみて、それに付随する「ありがとう」とは何かを考えてみることで、物事をポジティブに捉え直すことができるのです。

　それができれば、行動し続けられるし、チャンスに恵まれることができると思います。

久米　チャンスに恵まれるために意識していることは、自己紹介で必ず初めに自己理念を述べることです。「誰のために何をしたい人なのか」「どんな価値や社会を創りたい人なのか」を自ら発信することで、共感者が集まります。

　共感者から同志へ、共通するヴィジョンに向かって協働できる仲間を得ることができたら、それほど心強いものはないです。

肩書きやステータスを並べるよりも、ヴィジョンに共感を生むことで人を巻き込み、輪を広げていきましょう。

　自己理念が定まったら、次に大事なものは、「初めの一歩」です。初めの一歩を踏み出せるということは、自分のヴィジョンや目標と現在地を把握できていて、ギャップを埋めるためのステップが想像できているということです。日常生活で意識できるかどうかで、目標到達のスピードは格段に上がります。まずは第一歩を明確にしてこそ、目の前のチャンスを手に掴めるのです。

富田　常に新しい人に出会い、良好な関係を築くことです。知らない人が沢山いるような場面でも、少し勇気を出して 1 人でも多くの人に話しかける。そしてその 1 人に別の人を紹介してもらい、関係性を連結させていく。

　チャンスというのは、皆平等に与えられています。それをいかに上手く自分のものにできるかは、自らの行動によって決まっていくものだと私は考えています。スキルも経験もいりません、少しの勇気さえあれば、沢山のチャンスを掴むことができます。

坂木　チャンスというのは、花が開くかどうかわからない " 芽 " みたいなもので、その芽を出すまでの過程で最も大切なことは、土を肥やすことです。言い換えると【感覚を磨く＆マインドセット】だと思っていて、私の習慣の中だと、旅をすること、本を読むこと、ヨガや瞑想、人間や世の中観察、変なもの探し、美術館に行く、ギターを弾いて歌うなどです。

　世の中や自分にとっての「よい感じ」が感覚として掴めるようになってくると、直感や雰囲気を自分のものにすることができます。事象の言語化もしやすくなります。アートや

音楽など答えのないものについて考えることは、自分と向きうことになります。美しいと思えるものにはたくさん触れておきましょう。土を肥やすことは、必ず君の役に立ちます、必ずです。

大切にしている口癖

新谷　著者の翔貴風に言えば、「いいね」「面白いね」「素晴らしいね」あたりは息を吐くように使っている気がします。これを言わない日はないです。

　前提として、僕は「人に興味がある」ので誰かがやっていること、考えていること、その人生の背景から学び、着想を得ることの連続です。この言葉は間違いなくそれを加速させてくれている実感があります。個人的には複雑な意図があってこの言葉を推しているのですが、難しいことは考えず、まずは「人への興味のハードル」を下げてみることをおすすめしたいです。

　誰かから口癖を盗むってそういうものかと思います。すべてのチャンスはそこから生まれます。ふとしたときに、世界の広さが変わっているはずです。

小峠　口癖というほど常に口にしているというわけではないですが、心の中で唱え続けているのは「人生すべてがネタづくり」という言葉です。

　ドラマは、ハプニングがあるから面白いわけで、例えば、無一文旅中に 27 時間ほど水しか飲めなかったことも、カナダ横断中にパトカーに乗せてもらったことも、今ではすべて僕の人生のネタになっています。

　人生には、想定外が付き物です。上手くいくことばかりではありません。ハプニングやネガティブに捉えてしまいそうな出来事が起こったときに、ただ落ち込むのか、人生のネタと捉え

直すかで、世界は 180 度変わります。

　目の前の出来事をすべてネタと捉えることこそが、チャンスを掴み続け、人生を愉しむために必要な考え方なのです。

久米　「私もやってみたい」と声に出す頻度は、人一倍多いと思います。これまでもこの一言をきっかけに「興味があるならやってみる？」と声をかけていただけたケースが多いです。

　ここで気をつけるべきことは、なぜそれに挑戦したいのか、前述の自己理念と合わせて伝えることです。「学ばせてください」と言えるのは学生の特権でもあるので、無知であることに自信を失くすのではなく、先人から学ばせていただける機会に常に謙虚で貪欲な姿勢でいることもチャンスを掴む大事なステップです。また、異なる意見の人に対して、否定から入るのではなく、「そういう意見もあるね」というスタンスを心がけています。

　私が在学している「立命館アジア太平洋大学」は、90 以上の国や地域から留学生が集まり、学生の半数が国際学生というグローバルな環境です。そのため、多様な文化や価値観を受け入れ、なぜ相手がそう考えるのか、その行動を取るのかを一歩立ち止まって考える癖をつけています。

　友人でも、仕事仲間でも、親でも、意見が対立することは日常茶飯事ですが、自分の感情を俯瞰して、他人に抱く「違和感」をこれまでの自分になかった「新しい視点」に変換するだけで視野が広がり、どんな状況も楽しめるようになります。

富田　「苦しくなったら逃げてもいい」という言葉を目標に向かい努力している方によく使います。何か努力していることが上手くいかないことは、生きていてたくさんあります。そんなとき、自分にプレッシャーをかけ続け、追い込み過ぎてしまい、病気

になったり命を落としたりする人が少なくありません。そんなときにこの言葉を意識しておくと、心の中に少しの余裕が生まれます。

　時には立ち止まり、思い切り遊んで頭をスッキリさせてからまた前に進み続ける。成功している人は、この切替えが上手い方が多いです。

坂木　「ありがとう」という言葉は、絶対に口に出すようにしています。言うほうも言われたほうも幸せにする魔法の言葉です。あとは自分を否定しないことです。自分のことは、誰よりも信じてあげましょう。時には自分に対して「ありがとう」「大丈夫」「できる」と言ってあげることも大事ですよ！

　この度、出演していただきました仲間のことをもっと知りたい方や繋がってみたい方は、各SNSの掲載許可をいただきましたので、ご連絡いただければと思います。

・新谷佑也（Twitter: @SimpleYuya ／ Facebook: Yuya Shintani）
・小峠大河（Twitter：@tigers139 ／ Facebook：小峠大河）
・久米彩花（Instagram：@koron731 ／ Facebook：Ayaka Kume）
・富田克将（YouTube：Tommy Tommy Japan ／ Instagram：@tomitomi_japan）
・坂木茜音（Instagram：@_akaoto_ ／ Twitter：@akaoto_saka）

未来の自分からの手紙

　好きなことをやろうとすると、世間の目は冷たくなることが多いです。人から批判されることを恐れて、多くの人は、本当に好きなことをやる人生を選びません。しかし、本当に好きなことをして生きていこうと思ったら、安定した生活を捨てたり、人から褒められる生き方を諦めたり、そういう楽でないこと（多くの人にとって一

番嫌なこと）をする覚悟を持たないといけません。

　本当は、そんなふうに人から非難される覚悟を持てないから、好きなことができないだけなのに、多くの人は、「やれない環境」を自分でつくり出して愚痴を言います。「時間がない」「才能がない」「誰も手伝ってくれない」「お金がない」「あの人が反対する」「子供が」「夫が」「親が」「上司が」「皆が」と。

　でも、本当は、自分が「一番嫌なこと」を引き受ける覚悟ができないだけです。やりたいと思っているはずなのに、どうしても行動できない、頑張っているのに、どうも思ったほどの成果が出ない場合、心のブレーキがどこかで効いている可能性があります。

　さあ、心のブレーキを外しましょう。今、心に抱えている想いをぶつけましょう。あなたは、今、10年後にタイムスリップしました。そこにいるのは、未来の自分から見た今の自分です。成長した未来のあなたは、今のあなたに何を語りますか。さあ、対話しましょう。

教育王に、俺はなる‼

　言葉。それは、あるときは、影響を与えたり、気持ちを鼓舞する武器になったりします。そして、あるときは、心を殺したり、可能性を潰す凶器になったりします。

　私は、25年間で数々の言葉の素晴らしさと恐ろしさを体験してきました。小学校4年生の頃に、仲よしの野球友達と別れ、転校することになりました。そこで私は、人生を大きく変える言葉と出逢います。

　私が所属していた学校にはソフトボール部しかなく、外のクラブチームで野球を続けました。大きな体を活かし、4番として中心的プレーヤーとなりました。学校が始まって3か月が経った頃、活躍している噂を聞きつけたクラスメイトは、東京から来た調子乗ったデブという理由で、突然私をいじめるようになりました。最初は

教室の外で遊ぶ約束を断られたり、貸したものが返ってこなかったりしましたが、次第にいじめはエスカレートし、教室内でもいじめられるようになりました。

「ステーキにしてやる」とアツアツの石油ストーブに手を押しつけられ、「野球できなくしてやる」と画鋲で腕を刺されたりしていました。相談できる友達はおらず、担任の先生に相談することになりました。

「先生、僕、実は今クラスメイトからいじめられているんです」

「そうか、知っているよ」

「助けてほしいんです、辛いんです」

先生ならどうにかしてくれると、最後の助け舟だと思い伝えました。しかし、予想していない言葉が先生から返ってきました。

「でも、弱いお前が悪い。だって、お前はいじめられない努力をしてないじゃないか。どうせ、いじめられる奴はいじめられるんだよ」

先生にも裏切られたような瞬間でした。その日から、私は強くなるために必死で野球の練習に打ち込み、県大会で優勝する4番打者へと昇り詰めました。すると、私を見る周りの目も変わり、クラス替えのタイミングも重なり、いじめはなくなりました。

しかし、これを機に私には、「弱いといじめられる。強い自分でいなきゃ。結果出さなきゃ」という価値観が深く刻み込まれ、その十字架を背負って生きてきました。

そして、中3になった私は、高校受験に向けて勉強するようになりました。受験期間中、両親は私に「勉強しなさい」と言うことなく、むしろ「一緒に勉強する」と言って、漢検2級と英検2級の勉強を始め、大好きなお酒も「受験終わるまで飲まない」と、文字通り二人三脚で受験当日を迎えました。

ベストを尽くしましたが、第一志望校は不合格でした。その瞬間、「結果出せなかった、どうしよう。クラスメイトからまたいじめら

れるかも」との思いが脳裏をよぎりました。そんな恐怖もあり、泣いている私を見つけると、両親はこんな言葉をかけてくれました。「大丈夫。翔貴ならどんな高校でも、できる。こんなに頑張れたんだから、どうにかなるよ」。単に受験で落ちたショックだけではなく、背負ってきた重い十字架も下りた瞬間でした。

　私は、言葉に傷つき支えられ、恐ろしさと素晴らしさを知っています。そんな私は、今日、あることを決めて生きています。

　私は、全国100校4000名に講演してきて、日本の教育に課題を感じてきました。それは、自分という名の船の舵を握られている人が多いということです。

　その一番の要因は、無限の可能性を潰すドリームキラーの存在であることがわかりました。彼らは、3つの顔を持っています。

　1つは、以前失敗したから、まだやってないからという"過去"。

　2つは、親に否定されたから、先生に批判されたからという"他人"。

　3つは、常識的に早いから、世論として誰もやってないからという"社会"。

　そして、あの先生のように、ドリームキラーは、決まって否定の言葉3Dを使います。

　「でも、だって、どうせ」

　しかし、私は、両親のように、承認の言葉3Dを伝え続けます。

　「大丈夫、できる、どうにかなる」

　DREAMという言葉から、否定の言葉Dを引いたら"懲らしめ"に、承認の言葉Dを足したら"夢"になります。

　他者の"言いなり"になるのではなく、過去に"言い訳"するのではなく、社会の"言いよう"に惑わされることもない、1度きりの人生、"後悔"ではなく、自分という名の船の舵を握って"航海"する人を育む教育王に、俺はなります。

第6章

プロティアンな生き方で チャンスを掴もう！

―田中研之輔教授とのスペシャル対談

1　これからの時代のキャリア形成に必要な「プロティアン」とは

「プロティアン」って何だ

井上　この度、『人生のチャンスをつかむ「気づき力」の強化書』
　　　の出版に際しまして、キャリアのプロ・田中研之輔先生と、
　　　チャンスをつかむプロ・一場翔貴君のスペシャル対談を開催しま
　　　す！　私、インタビュアーの井上奈々子です。早速、お2人の馴
　　　初めをお聞かせいただけますでしょうか？

一場　そうですね、僕、もともと法政大学の学生だったんですが、
　　　卒業する2か月前くらいに初めてお会いして。そして、いきなり、
　　　YouTube の撮影させてくれと言わせてもらい (笑)、お会いして
　　　30秒でカメラを回したという出会いでございます (笑)。

田中　(笑) そうだったね。翔貴君からメッセをもらって実際に
　　会ってみて話を聞くと、YouTube で発信して、講演もしてると
　　いうことで、意気投合。じゃあ、このまま対談も生配信しようと
　　いうことになり (笑)。それから『TANAKEN　TV』にも出てもらっ
　　　たよね。ついに念願の出版だね！

一場　実は、、、

(3者の馴初めは YouTube にて公開中)

井上　変わりゆく時代でキャリアを築くことの難しさを日々実感す
　　　る中で、先生の著書『プロティアン』を読ませていただき、今
　　　「プロティアン」の考え方が心にズブズブと刺さっております！

田中　『プロティアン』とは、生きていく上での様々な変化に向き
　　　合う生き方のバイブルです。

　　　　生きることの醍醐味って何かって考えたときに、翔貴君の本
　　　にもあったけど、これまでの過去の経験で自分自身を支えなが

ら、新しいことに挑戦し続けるということだよね。

　でも、年齢を重ねていくと、それが難しい。過去の経験がブレーキになっちゃうんだよね。昔はこうしていたとか、やったことがないことはやっちゃいけないんだみたいな考え方になりがち。今回のコロナでも、これまでの「日常」を続けることができなくなった人もいるよね。休業する企業や倒産する会社も少なくない。そのときに、「目の前の変化に向き合わなければいけない」じゃん。そのときに、「向き合う構え」が必要だと思って。

　「プロティアン」のポイントは２つ。「アイデンティティ」と「アダプタビリティ」です。「アイデンティティ」っていうのは、自分らしさ。自分らしく生きること、これがまず、何より大切。人に振り回される必要はない。とはいっても、社会変化が激しいから、変化に適合しなければいけないよね。だから「自分らしくある」ってことと、目の前の変化に適合するということで、「adapt-適合力」っていうのを駆動させた理論が「プロティアン」です。

　キャリア論は、難しく考え過ぎなくていいよ。どこにいても、何をしても、大学生だろうが社会人だろうが、皆それぞれのキャリア形成を行っている。それぞれの目の前の環境に適合し、よりよく生きていくために必要な実践的な考え方とか構えなんだよね。そのキャリア論の最新の理論として注目されているのが「プロティアン」なのね。

　「プロティアン」っていうのは、もともとギリシャ神話の「プロテウスの神」、海の神なんだけど、この変幻自在の神をメタファーにして、プロテウスとキャリアを掛け合わせて、1976年のときにダグラス・ホール教授が提唱した概念なんだけど、

僕自身が 2018 年、2019 年のときに現代版のプロティアン理論にリバイバルしたっていうことなんだよね。

今後「プロティアン思考」が必要な理由

井上　なるほど！　では、この「プロティアン」という考え方は、日々めまぐるしく変化する現代において、重要な考え方というわけですね。

田中　そう！　すごく重要。理論って何かっていうと、「変わっていいんだよ」という背中を押してくれるってことなんだよね。「変わっちゃダメだよ」っていうのはキツいよね。「変わらなきゃいけないよ」ってときに、『プロティアン』っていう本があると、ヒントになる。

　例えば、『プロティアン』の中で、キャリア資本っていう概念を展開しています。それによって、「これからの 30 年後を見越して、キャリア形成っていうのは 1 つひとつキャリア資本を貯めていくことなんだ」って思えれば、挑戦に対してブレーキがかからないじゃん？　だから、「失敗は挑戦の母」っていう翔貴君の名言があるけれど、こういうのはすごくいいと思うよね。

　プロティアン理論に立つと何がいいかっていうとね、「失敗」っていう概念がないんだよ。何でも経験だから。だから翔貴君に会ったときも、どんどんやってよって思って。対談しよう、本書こうってさ。これってさ、どこに失敗があるってことじゃない？　今の時代ってさ、やらないことが最大のリスクなんだよね。何もしないこと、過去のままでいること。現状の維持をすることっていうのが、本当に最大のチャンスロスだと思うよ。

小さな一歩を踏み出せばいいんだけど、それができないから、
　その一歩を踏み出していいんだよって本を書きたかったんだよ
　ね。

「失敗」なんてない。夢はたくさんあっていい

井上　この考え方って、本書で翔貴君が伝えたいことと大きく共通
　　しmaていますよね。

一場　はい。だから、タナケンさんがこの本に出ていただくことが
　　決まったときは、本当に嬉しくて。あと最近、この『プロティ
　　アン』を読んだ人の声や、Twitterで「＃プロティアン」がつ
　　いた投稿とかを見ていると、先ほどタナケンさんが仰っていた
　　「やらないことが失敗」とか、「失敗っていう概念がない」って
　　いう考え方に勇気をもらった人がめちゃくちゃ沢山いると思っ
　　ています。

　　　この理論があって、例えば、転職や離婚を繰り返していたと
　　しても、「私の人生って、逃げてきた人生じゃないんだ」って
　　背中を押してもらえたという言葉をすごく聞きます。なので、
　　大人だけじゃなくて、今度世の中に出ていく学生とかにも、ぜ
　　ひ読んでほしいなって思っています。なので、今回のこの本に
　　も、最終的に講演とかもするので、タナケンさんに出ていただ
　　いています。

田中　いや、嬉しい。「キャリア論」でありがちなのが、「なりたい
　　ものは何ですか」とか、「あなたの夢は何ですか」っていう質
　　問があるけど、それって、実際投げかけられてみるとキツくな
　　い？　じゃあ、例えば奈々子さん、夢ってある？　あなたの夢
　　は何ですか？

井上　夢‥正直、1つに選べないです（笑）。興味のあることが沢

159

山あって（笑）。

田中　でしょ！　そうでしょ！　それでもいいよね。1つに無理矢理選ばせるっていうのは、可能性を閉じ込めるっていうことだよね。今、必要なのは、絞ることじゃなくて、やりたいことを増やすとか、夢の可能性を広げておくこと。だから、僕は、「夢は最低3つあっていい」って言っています。

井上　嬉しい！

田中　そう。だって選べなくない？　人生100年あっては夢1つなんて。でね、そのときに夢を1つ置いて、それに向かって追いかけた人の人生は、脆くもある。

　　　ここが問題で。1つの夢を叶えた先に、何があるか。アスリート選手の引退がわかりやすい。「Jリーグの選手になりました。頑張っていました。ところが、23歳でケガをしましたってなると、そのあと人生70年あるのに、この後何をやっていいかわからないっていうことになるわけ。「アイデンティティクライス」に陥るんだよね。「あなたとは何ぞや」っていう1人のアイデンティティに決めつけていくことの弊害なんだよね。

　　　プロティアンっていうのは、「どんな姿に変わったっていいですよ」って言っているんです。だから、これから、井上さんがいろんな職業、いろんなことに挑戦していくと思うんだけど、「すべてOK！」っていうことなんだよね。そのほうが人生楽しくない？

井上　そうですよね！　夢を特定の職業とか何か1つに絞ってしまうと、それが叶わなかった瞬間に「自分は負けた」ように感じてしまい、大きな喪失感を得てしまいそうです。

田中　そうなんだよね。だから翔貴君が言っている「チャンスとは何だろう？」って問いは、すごくいいと思っている。

チャンスって、キャリア論でいうと、「計画的につかめるのかつかめないのか」っていう理論が生じるんだよね。例えば、クラン・ボルツ教授は、「偶発的に訪れる」って言っている。

その真意は、チャンスをつかむ人っていうのは、やっぱり何かしらマインドセットを持って常に動き続けている人だってこと。ひょっとすると傍から見ると、危なっかしいかもしれないけど、でも本人の目には、そんな光景は映らない。突き進んでいるから。

僕なんかも、新しいことに挑戦し続けている。失敗という概念がないからね。だから、そういうような生き方をしていると、井上さんが言ってくれたように、心理的幸福感も高いんだよね。成し遂げられる or 成し遂げられないっていうふうに自分の可能性を閉じ込めて１つの人生を生きるより、ハッピーじゃない？

井上　夢って、変わりますもんね！

田中　そう！　１つに絞る必要もないし、変わっていいんだよ。

一場　そうだよね。変わるし、高まっていく。僕も「本を書く」ことは１つの夢でしたけど、今回書かせていただいて、もう１冊書きたいとか、また夢が増えたもん。

子供の人気職業ランキングは古い?!

田中　夢が見えていて、それに向かっているときはいいんだよね。プロティアンの構えでいると、そのときに次なる夢も見えてくるはず。次なる夢への準備も始めていくっていう。ある種の複合的かつ立体的な生き方でいいんだよね。

先に触れた「キャリア資本」でとらえると、「どの段階でどんなキャリア資本を貯めていくのか」を考える。例えば、井上

　　さんのように人事の仕事を2年間培っていて、こういうライ
　　ティングとかもやったら、それも武器になるわけじゃん。そう
　　やってPRもやって、本も執筆できてという「キャリア資本」
　　が貯まっていくと、キャリアって掛け算だから、いろんなキャ
　　リア形成につながる。
　　　もし、大学の中だけにいるなら、ネットワークは広がらない
　　し経験も増えない。
井上　もっと多角的に考えてよいということですよね。
田中　そう。ゆるやかに、柔軟に、しなやかに、のびのびとやって
　　いいんだよ。それが窮屈になり過ぎているんだよね。
　　　だから『プロティアン』も、『気づき力の強化書』も、そう
　　いう背中を押してくれるよね。
一場　今回、タナケンさんにオファーさせていただいたのは、2つ
　　の観点がありまして。1つは、「一場翔貴との親和性」ってい
　　うか、共通項が多いということとー。もう1つは、このタイミ
　　ング。コロナ禍において、この考え方はすごく重要になると思っ
　　ていて。
　　　例えば、僕の友人で念願のCAになった人とかいるんですけ
　　ど、今この状況であまり働けなくて。そうなったときに、そこ
　　で活躍するステージは失われたけれど、この1、2年で蓄えた
　　スキルとかを、他の業界でどんどん活躍できるステージにある
　　なと僕は思っている。

キャリアを考えること＝過去の自分を認めること
田中　そう。シンプルに伝えると、キャリアを考える上で、自己否
　　定をする必要は全くないってことなんだよね。自分でやってき
　　たことを自分で認めてあげる。

多くの人が間違いやすいのは、キャリアっていうのは組織の中での比較、例えば、同僚は出世していくけど自分はしていないとか、自分は旧友より年収が低いとか、こういう考え方をしがちなんだけど、これは全くのもっての間違い。

　キャリアっていうのは、これから自分が歩んでいく道を肯定するための考え方。だから、プロティアンは、ここでいう心理的幸福感を支える、自己との契約だって言ってくれているところが大きな魅力。これから生きる人は、このように考えないと、疲弊してくじゃん。

　組織の中では、上司より早く来て、上司より遅く帰ったり、コロナ禍でもテレワークできず出社したり。組織ってのは、おかしなことがまかり通りやすい。

　そのときに、目の前の選択肢として、じゃ2つある。1つは、その組織を変えるということと、もう1つは、その組織の中で自分の働き方を変えるということ。

　1つ目の組織を変えるっていうのは、なかなか難しい。とくに1人で変えるのは。そうしたときに、自分の向き合い方というかスタンスを変えるっていうのは、ヒントになるよね。その考え方を知らないと、組織を大きく変えられないから転職しましょうとかいう話になる。

　転職のタイミングは、「本当にもうその組織でキャリア形成ができない」とか、キャリア開発をしきったとか、ある程度「これ以上はない」という達成感と見切りができてからがいいと思う。でも、最近、多く相談を受けるのは、「組織の方針と自分のキャリア感が合わないから辞めたいです」という話。こうして転職したときに何が起きるかというと、転職した先でも同じようなことが起きるわけですよ。

　　個人の心理的幸福感を高めながら、組織と個人の関係をよりよくしていかないと何も変わらない。Ａ社にいてちょっと方向性が合わないなと思ったら、まさにそこでアダプタビリティを駆動させて、合わせて言うか、自分を変幻させてしなやかにパフォーマンスを高めて行けるという手法なんだよね。これが大切なポイントかなと思います。

一兎と言わず二兎を追うのが正解

井上　ありがとうございます。今のタナケン先生のお話を聞いて、本書内の翔貴君のことわざが浮かびました。「二兎を追う者のみ二兎を得る」です。

　　私、個人的な話になるのですが、もともと今の会社には営業志望で入ったんです。留学時代で海外が好きになったのと同時に、「日本のよさを広めたい」と思って。日本の技術力を海外に広める海外営業を志しました。でも、入社後、配属先は何と人事部。初めは、「今後どうしよう？」って、結構悩みました。

田中　何だか半沢直樹みたいだね（笑）。おもしろい。

井上　確かに（笑）。それで、入社早々しばらく悩んでいたんですけど、あるとき、「じゃあ、今のフィールドで何を学んで、今後どう活かそうか」って考えるようになって、すごくラクになりました。

　　もちろん、入社後、人事部での仕事の面白さに気づいたということもあります（笑）。それにプラスして、視野を広く持って物事を考えるようになってからは、それまで以上により主体的に取り組めるようになりました。

　　そして、自分は、「人事部に所属している今、この領域で何を成し遂げたいか？」って考えたときに、「働くことって生き

ることだ」と思って、「働くことを楽しめる人を1人でも多く
増やしたい」っていう思いにたどり着いたんですよ。日本人は
もっと楽しく働いていいんじゃないかって思っています。

　「じゃあ、この思いを実現するためにどうしたらいいかなっ」
て考えたときに、今の組織にいて人事としての経験を積みつつ、
こうやって外のフィールドでキャリアについても勉強させても
らったり、いろんな経験を積みながら、広い視野で自分のやり
たいことに柔軟に取り組んだりしていきたいと思いました。「2
兎を追うことで2兎を得」ながら、ゆくゆくはもっと人事領域
を含め、多角的にで活躍する人材になりたいなって思っていま
す。

田中　すばらしい！　人事に配属された瞬間、アダプタビリティを
駆動させて、働き方に向きあいつつ、また違う仕事もやってい
こうっていう、まさに両輪として動き出しているから。チャン
スをつかむ気づき力を生かしたプロティアンな働き方だね。そ
ういうのを皆にも気づいてほしいよね。

2　プロティアン診断　新時代を生き抜くために

自分の「プロティアン度」を診断しよう

井上　私も、先生の『プロティアン』、そしてこの『強化書』、より
多くの人に知ってほしいと思っています。生き方や心が豊かに
なると思います。じゃあ、そろそろ第2弾『プロティアン診断』
に移ってまいりましょうか。

一場　プロティアン診療お願いします。僕、患者です。

井上　私、ナースです！

田中　OK！　じゃあ、今からプロティアン診断を行います！　時

間は 30 秒。15 の質問からプロティアン診断をします。

・「毎日、新聞を読む？」
・「月に 2 冊以上、本を読む？」
・「英語の学習をし続けている？」
・「テクノロジーの変化に関心がある？」
・「国内の社会変化に関心がある？」
・「海外の社会変化に関心がある？」
・「仕事に限らず、新しいことに挑戦している？」
・「現状の問題から目を背けない？」
・「問題に直面すると、解決するために行動する？」
・「決めたことを計画的に実行する？」
・「何事も途中で投げ出さず、やり抜く？」
・「日頃、複数のプロジェクトにかかわっている？」
・「定期的に参加する (社外) コミュニティーが複数ある？」
・「健康意識が高く、定期的に運動している？」
・「生活の質を高め、心の幸福を感じる友人がいる？」
　　はい！　翔貴君、井上さん、何項目当てはまった？

一場　僕、12 でした！

井上　私、10 でした（笑）。

田中　はい！　診断結果出ました。井上さんはですね 10 点だから「セミプロティアン」。僕は、7 点とか 8 点ですから安心してください。

井上　本当ですか（笑）。

田中　えーと、井上さんはね、キャリア形成できていますよと。ただ、変化への対応力が若干弱いねっていう診断が出ていますね。
　　続いて、翔貴君。「変幻自在にキャリア形成し、変化にも対応できるプロティアン」です！

一場　やった！（笑）。

田中　今の時代に必要な変幻力が、行動習慣の中に備わっている。逆に、今何か悩みとかあるの？

一場　当てはまらなかったのは、「運動」と「新聞」と「英語」です。でも、新聞は、紙媒体ではないんですけど、オンラインで見ています。

田中　いいね！　英語は？

一場　授業では教えているんですけど、日々自分で勉強しているかっていったらしていないです。

田中　今朝は、アフリカの新聞を読んでいました。日本の記者が書いているから、当然日本人のレンズを通した物事の見方になるわけ。だけど、違うレンズからも知っておきたいよね。だから、例えば、「今日はサンフランシスコ」とか、好きな都市のニュースを見に行く。井上さんなんかは、海外に留学していたからそういうのあると思うけど、そういやどこの都市に行っていたんだっけ？

井上　カナダのバンクーバーです！

田中　いいね！　バンクーバーのニュースとか見るでしょ？

井上　見ます！　今の季節は何が起きているのかなとか、気になってつい見ちゃいます（笑）。

田中　でしょ！　今の時代って物理的に体動かせなくても、どこへだって情報って知れるんだよ。だから、その行動習慣を身につけておくって大事。その上で、パスポートとして英語を勉強しておけば、世界中どこの情報だってある程度は手に入るよね。

　あとね、健康にはどういう意味があるかっていうと、プロティアンの考え方には、「身体資本」という概念があって、今はまだ皆健康についてそこまで考えなくていいかも知れないけど、

働き続けていくと身体にガタがくる人が一定層、統計的にも存在する。したがって、継続的に働く上で「身体資本」は、1つのキーになると思う。

　でも、翔貴君、そんなに不摂生しているわけじゃないよね？

一場　そうですね。運動していないかわりに、食事には気をつけています。食べる順番とか。

田中　健康意識高いじゃん。なんだ、満点プロティアンじゃん（笑）。

一場　そんな（笑）。でも、運動不足なので、今度ゴルフ行きましょう！

「プロティアン」流インプット＆アウトプット法

田中　OK（笑）。翔貴君のよいところ、そして若い人のお手本になるところは、「アウトプットし続けている」というところ。これ、ポイントなんですよ。

　日本の教育を受けていると、「インプットが学び」だと思うわけじゃん。でも、インプットは学びじゃない。ただの作業。アウトプットして初めて「学び」になる。翔貴君は、塾で教えていると思うけど、教えているということは「めちゃくちゃ理解している」ということだと思うよ。

　人に何かを教えている瞬間って、最高の学び。だから、僕自身も大学の教壇で気をつけているのは、「同じ論文を読む」ということは絶対しないということ。同じことを教えるって、ただの「作業」。自分にとって何のキャリア形成にもならない。だから、12年間ゼミやっているけど、毎回新しい英文読んでいるよ。それを読んで伝えるということは、「学び」になる。これも1つのヒントだと思う。

　プロティアンとチャンスの掛け算というところでいうと、ア

ウトプットし続けながら、新しいことを吸収していくということ。

井上　アウトプットして初めて学びなんですね。インプットだけはただの作業なんですね。

田中　そう。アウトプットしないなら、何にも意味ないと思ってもいいと思う。

　アウトプットって、別にメモを取るだけでもいいと思うんだよね。ソーシャルに発信することがすべてじゃない。本の余白にね、自分の視点を書き込むとか、「私だったらこうなのに」っていうのが学びなんだよね。だから、読んで終わりっていうのは、僕にとってはもう作業で終わっているということになるよね。

一場　今回、この本は、横書きになっていると思うんですけど、これには意図があって。小説のように右から1行1行、1言1句大切に読んでほしいわけじゃなくて、僕の場合は活字でことわざとかも載せているので、「あ、この言葉好きかもしれない」っていって、いきなり第4章の真ん中とかから読んでもいいんですよ。

　で、そしたら、すぐ閉じてそれを実践して、また読んでいってというように、横書きにして「人生の参考書」のように必要なときに必要な情報を取り寄せることができるようにというコンセプトにしています。

田中　なるほどね！　プロティアンは「人生のバイブル」、気づきの強化書は人生の参考書、キタねこれ（笑）。

井上　ぜひ、2冊をセットで置きましょう！

田中　今、参考書のほうが売れるんだよね（笑）。ほら、大全系ってあるじゃん、図鑑とか。例えば、企業大全とか、スタートアップ図鑑とか、皆ね知りたがっているよね。いいとこつかんでい

ると思う！　ぜひ、いろんな方に読んでほしいよね。

一場　はい。でも、全世界で、現時点で本書を読んでいるのはこの3人、タナケンさんと井上さんだけなので（笑）。

井上　イェーイ！

田中　そっか。タイで生まれてからのエピソードも響いたよ。すくすくと育って、どんどん太っていって、って話も（笑）。

一場　はい（笑）。「食事で身体って変わるんだな」ということを初めて感じたのがそのときです。朝からカツ丼3杯食べていましたからね（笑）。

井上　すごいおぼっちゃま（笑）。じゃあ、この『プロティアン』の『気づき力の強化書』も、アウトプットとして自分の考えとか、書き込んじゃっていいということですね！

田中　もちろん！　だから、この2冊のおすすめの読み方としてはね、ぐちゃぐちゃに書き込んでほしい。「読書」としてじゃなくて、これをきっかけに行動変容を起こしていくっていう起爆剤にしていってほしい。

　僕は、本を「読むな」って言っていて、「食べろ」って伝えている。「食べている」って、血肉化するということじゃん。で、自分の活動量に変えていくわけじゃん。読んで抜けていたら意味ないわけで、そういう読み方は本当いらなくて。

　だから、そういう読み方が「読書」って思っているからつまらなく感じるんだと思う。美味しい焼肉は、「食べる」でしょ？それと同じだと思う。だから、プロティアンも気づき力の強化書も、むさぼり食べてほしい。

「プロティアン」はプロテイン?!

一場　はい。僕は、『プロティアン』をプロテインとして活用する

のが1番いいと思っていて（笑）。というのも、プロテインって、まず基本的な食事があった上で、サブ的な存在としてあるものなんですよ。プロテインだけ飲んでいても太る。だから、これを蓄えるだけだと、どんどん情報デブになっていって、頭のよさそうな人の言っていることを鵜呑みにしたり、実際自分は何もしていないのに、あたかも体験したかのようになってしまったりだとか。

　だから、本は、あくまで行動した上での補助輪のように使っていくべきだと思っています。

田中　そうだね。まさにそう思う。

井上　なるほど。余談なんですけど、私、『プロティアン』を読みながら、すでに沢山の書込みをしてしまっておりました！　読んでいて感想が止まらなくて、大切な箇所をチェックするのはもちろんですが、自分の感じたこととか、「自分に置き換えたらこういうことが言える」という気づきを、都度書き込んでいます！（本を広げて見せる）

田中　さすが！　理想的なアウトプットの仕方ができているね。だって、真剣に読んでいたら書きたくなるよね。

井上　そうなんですよ！　汚してごめんなさい〜って思いながらも、線とか引いています（笑）。

田中　いやいや！　それが正しい「食べ方」だよ！

井上　本当ですか。嬉しい！　著者の方にOKもらいました（笑）。

田中　僕も、本にはもうごりごり書き込むよ。僕のバイブルの『監獄の誕生』（ミシェル・フーコー著）っていう本には、すごく書き込んでいる。（本を広げて見せる）これは、哲学者の本なんだけど、何度も読んでいるから、ボロボロになっている。こうやってこの本を食べたことで、この本で得た内容はプロティ

アンを学ぶ上でも役立っている。

井上　一緒ですね！　これからもボロボロになるまで食べ続けます！

一場　『気づき力の強化書』も、泥だらけになってもいいので、もう外に持って行ってください！

田中　うん。だから、本は能動的に食べてください。

一場　「食べる」って、物理的にってことじゃないですよね⁈　あ〜ん（口を開けて『プロティアン』を食べようとする）。

田中　いや、紙食べて栄養になるなら本当に食べてもらってもいいんだけど（笑）。要は中身を血肉化してってことだよね(笑)。

一場翔貴が「プロティアン」である秘訣

井上　何やってんの（笑）。先ほどの「プロティアン診断」で見事生粋のプロティアンという診断結果が出た翔貴君、その秘訣を教えてください！

田中　確かに（笑）。昔からそうだったの？

一場　えっと、どの切り口で「プロティアン」とするかは異なると思うんですけど、根本としてあるのは、常にちやほやされたいというのはあります（笑）。

　　幼少期から、どうやて目立つかっていうことばかり考えていました（笑）。最初の成功体験は、小学校4年生のときですが、運動会の閉会式のスピーチは毎年6年生がやるっていう決まりだったんですよ。でも、僕は4年生のとき、運動会の後に転校することが決まっていて。だから、「僕もことし最後だからやらせてください」って、最後スピーチさせてもらったんですよ（笑）。

　　そこで初めて「人と違うことしたら目立つんだ」って気づいて、それでいろんなことにチャレンジしていった記憶はありま

すね。今、僕の会社でも、僕の活動に賛同されない方もいらっしゃいます。「YouTube なんか出てないで仕事しろよ」みたいな。

でも、先ほどのタナケンさん言葉をお借りすると、僕の心理的幸福が高いのは、こうやっていろいろなことに参加させていただいているからなんです。ピポットのようにいろいろなところに動き回るのが僕は好きです。

現代のキャリア教育の「ここが変だよ」

田中　そうだね。これって人間の本質論だと思うんだよね。生まれてきて、いろんなこと覚えていく上で、いろんなことができるようになってくる。これがいわゆる人間の「キャリア発達」なんだけど、現状として起きているのはその人のキャリア発達を社会のルールで抑えるということ。「この組織の中ではこうやって振る舞え」「これはやってはいけない」などと決めつけてしまっている。

行動規範を学校で刷り込む、家庭で躾ける。そして、社会で統制していく。つまり、理論とルール、どっちが先かって考えたときに、今はルールが先になってしまっている。「学校とはこうあるべきだ」「組織とはこうあるべきだ」、その中に人が入ってくる。

僕は、この構造を壊す必要があると思っているんだよね。個人がキャリア発達させていく上での過程に学校があり、組織がある。自らが主体的にキャリアを形成していく必要があることに気がつかないと、われわれはずっと幸せにはなれないんだよね。

会社でいろいろなことがあって、メンタルが弱ってしまった

り、自殺してしまったりする人がいる。個人を否定はいけない。個人の主体性を応援していく。1人でも多くの人が、自ら主体的にキャリア形成していって、組織で活躍する人を増やしていく。そうすることで、結果的に組織とか学校とかも盛り上がる。学校や組織が人間を押さえつけるという考え方は、もう古い。

　もちろん、逸脱行為とか犯罪行為のようなルール違反はしてはいけないし、全く推奨しないけど、もっと人間の可能性は豊かでいいと思う。

　今、働く上で、ソーシャル禁止とか、残業手当を出せないから残業量もコントロールするけど、副業をしてはいけないとか。そうすると収入も20%下がって、子供はできて教育費は上がるのに困ってしまう。このように世の中には矛盾があるわけですよ。こうした矛盾に柔軟に向き合って最善の方法を見つけ出すのが「プロティアン」の理論だし、気づき力の実践だと思うよ。

一場　こうした古い考え方が、合っていた時代もあったのかもしれないけど、今の時代には合っていないと思う。

　「モノをつくれば売れる」という工業社会であれば、数を生み出すことが正解だから、管理することが最善であったけど、社会が変化したことによって、現在においてはミスマッチが起きている。

田中　だから、これだけテクノロジーが進化したにもかかわらず、「ハンコ押せ」とか、おかしいじゃない。緊急事態宣言下でもハンコのために強制出社するとか、こういうおかしいことを1人の力で変えていくっていうことは相当難しい。

　こうした状況で、「じゃあ電子サインでいいんじゃないか」と組織が変われるかどうかが問題。だから、プロティアン理論は、個人への指針でもありながら、同時に組織のマネジメント

の処方箋なんです。組織も変わらなければならない。

一場　僕も賛同です。本書では、水槽に例えているのですが、水槽の中で頑張ることは大切だけど、そもそも水質が悪くて、その水槽を管理する人が変わらなければ、現状は変わらない。だから、「水槽の管理者と合うかどうか」という観点はとても大事で、見定めなければならないと思っています。

田中　なるほどね。そのとおりだよね。そして、翔貴君がプロティアンであることの１つの所以としては、人間関係を組織の中に限定していないこと。場所も国内外で移動するし。なぜなら、人の物事の判断は、環境要因から大きな影響を受けるから。5年、10年同じ組織にいると、そこでの考え方や意思決定の方法が絶対的な正解のように思えるけど、そうじゃない。１歩外へ出てみると全く異なっていたりするから、プロティアン理論において「場所の移動」は大事。こういう視点をもっている人はプロティアンだし、そうじゃない人はやはり組織の中で苦しむ。

　今、家族や大切なもののために組織の中で文句も言わずがむしゃらに頑張っている人が、住宅ローンが残っているのに早期退職を迫られたりする。こういう人にも、この気づき力の強化書を読んでほしい。

　日本人は、宗教を人生の軸とする文化がないこともあって、生きていく上での支えがあまりない。生きていく上で、生き方の拠り所というのはつくったほうがよいから、「自己との契約」を行う上でぜひ本書を用いてほしい。

一場　今回、この本のオファーをいただいたときに、「〇〇会社の人」ではなく、「一場翔貴」として直接オファーをいただいたことが強みだと思っています。

　　組織の中にとどまるだけだと、まず会社にチャンスがきて、そのチャンスが誰かに振り分けられるという流れになると思うので。今回僕の Gmail にオファーいただいたので、こういったキャリア形成をしていくことが大切だなと思います。

組織＝夢を叶える「パートナー」

田中　組織の中で顔色をうかがって昇進していくことが成功だと思われた時代を卒業しよう。組織内での昇進や昇格は、1つの達成指標ではあるけれども、人生においてたった1つの要素でしかない。たった1つの要素が、豊かな人生の中で、その人の生きてきた人生を判断する基準ではない。

　　退職後、地域活動に参加したら、自分のことをよく知らない人がたくさんいる。そこで、「僕は大企業の〇〇のポジションまでいったんだよ」なんて言っても、そんなこと誰も気にもとめない。

　　その後 30 年豊かに生きる上では、自分のキャリアを組織に預ける時代ではないということ。

　　僕なんかは、大学で養っていただいていることへの感謝はあるけれど、すがろうとは思っていない。もちろん、ビジネスだから、雇用されている上でいただいている給料以上の対価や貢献は意識するけれど、「ここで自分の成果が出なかったら人生終わりだ」なんて1mmも思っていない。なぜなら、自分は、キャリア形成において常に変幻し続けていて、その場所が組織であるに過ぎないから。

井上　「組織にいることは、自分の夢を叶えるための1つの過程である」という意識が大切なんですね。

田中　そう！　夢の最大化をするためのパートナーが組織なので

176

あって、組織の奴隷じゃないということ。

井上　組織の中では、自分の思い描くキャリアを形成の実現が必ずしも保証されているわけではないですものね。個人のアイデンティティを発揮しながら働くためにも、自ら主体的に動かなければいけないと感じました。

田中　そうだね。予期せぬ異動とかで新しい分野の仕事に挑戦することになったとき、それをチャンスだと捉える。

　　　人間の心理的理解というものは、なかなか簡単にはいかなくて、「ポジションから外された」とか、「評価されなかった」という考え方で脳内が占拠されてしまうことも少なくないですよね。

　　　挑戦をものにしていくっていう考え方も大事。

3　新時代を圧倒的に楽しく生きるためのキャリア戦略

具体的な「キャリア戦略」の立て方

井上　変わりゆく時代の中で、各状況をどうとらえて、どう動くかっていうことが重要な要素になると思います。私は、その土台として、常に広い視野を持つことが大事だと考えています。

　　　続いて、「キャリア戦略」に移ってまいりましょう！

　　　ここまでの対談を読んだ読者の皆さんは、キャリアについて沢山のインプットを得て、「より豊かなキャリア形成を実現したい」と、燃えに燃えていると思います。

　　　そこで、実践的なアウトプットとして、キャリア戦略を策定するためには、一体まずはどのような方法で取り組むのがよいのでしょう？

田中　了解。それでは、具体的に伝えていくね。

　まず、「やりたいこと」と「やりたくないこと」を５つずつ書き出してみてください。すると、あなた自身がこれから進んでいく方向性がぼんやりと見えてきます。ここで書き出した「やりたいこと」は、先延ばしにするのではなく、今からでも１つずつで実践したほうがいい。ただし、実践するに当たり、書き出した後は優先順位を決めておくようにしましょう。

　決まったら、実践する工程における足りない部分を見つけ出す。補わないと実践できない箇所を洗い出して、補足する。これを実行することでキャリア戦略は、だいぶ具体的に描きやすくなると思う。

　勘違いしてはいけないのは、「誰かに言われたからやる」っていうのは、キャリアストラテジーではないということ。皆、「誰かになりたい」と思って生きているわけではないよね。憧れる人がいたとしても、その人の人生を同じように歩めるわけではない。

　やっぱり、それぞれの人生があるわけだから、本当にプロティアン理論や気づき力をゲットした人というのは、自分で今後何をしていきたいのかなということを、１つに絞る必要はないから、順番にやっていきたいと思う。それがストラテジーの中身になると思う。

井上　自分を分析することで次のアクションも見えてきますよね。

「やりたいこと５つ」の見つけ方
一場　「やりたいこと５つ」を書き出すときに迷う人もいると思うんですけど、そのときに参考になる１つの要素として、僕は「嫉妬」という感情があると思っています。

　今回、本書で僕の仲間５名に登場してもらったんですけど、

この５名の共通点として、「僕が彼らに嫉妬の感情が湧いている」ということがあります。嫉妬って、結構ネガティブな意味合いで語られることが多いと思うんですけど、僕はよさもあると思っています。

　嫉妬の本質って、要は「本当は自分が実現したいけど叶っていないことを、叶えている」ことだったりすると思うんです。それを相手に感情的にぶつけると、トラブルになると思うんですけど、そうじゃなくて、「自分の行動の起爆剤」とする。これはとても有効だと思います。最近、自分が嫉妬したことの中に、自分のやりたいことって隠れているんじゃないかと…。

田中　わかりやすいと思う。エネルギーに変えるためのモチベーションの源泉として、嫉妬はよい拠り所になるかもね。だけど、注意しなければならないのは、「比較」のほうが大きくなって、粘着した「妬み」を生み出すことのないようにしなければいけないね。そこにプロティアン的考え方はないから。

井上　本来の目的からズレないようにする必要があるということですね。「比較して勝つ」ことがゴールにならないように。

　では、翔貴君、今立てているキャリア戦略はありますか？

一場　そうですね、実は、そんなにかっちりとしたものはないんですよね（笑）。

田中　うん。それでいいと思うよ！

一場　はい。本書では、「カレー派とニンジン派」と例えているんですけど、僕は「カレーをつくるから具材を集めよう」というよりも、「ニンジン持っている。じゃあサラダにしようかな？　カレーや酢豚もできるな」というように、いろいろな具材を集めたいなという欲求はある。だから「レシピをつくる」ということは、最近はあまり意識していないですね。

井上　なるほど。じゃあ、今は、がちがちにキャリア戦略を立てて
　　　いるわけではないということだね。常にチャンスをつかめる態
　　　勢をとりつつも…。

一場　うん。チャンスをつかめる体質でい続けるということは大事
　　　だと思うから意識していますよ。

これからの時代に有効なキャリア戦略

井上　教えてくれてありがとう！

　　　では、先生にお聞きしたいのですが、先ほど書き出した「や
　　　りたいこと5つ」を行動に移しつつも、転職や独立といった要
　　　素も含めて、今後どのようなスパンで今後の自分のキャリア計
　　　画を立てればよいか、足踏みしてしまう人もいると思うのです
　　　が、このような方々へのアドバイスなど教えていただけます
　　　か？

田中　プロティアンな生きざまとは何かって考えたときに、自分で
　　　自分の人生をしっかり全うする、ということなのね。これに正
　　　解はなくて、自分のペースでやればいいんだけど、ラフスケッ
　　　チはあったほうがよい。

　　　ラフスケッチがないと、翔貴君の言葉で言えば「具材」に見
　　　えないんだよね。翔貴君の場合は、「具材」と認識できている
　　　からよいと思うんだけど、そうでないと「これが具材」、つま
　　　り資本だということに気がつかない。沢山のチャンスがあるの
　　　に、ラフスケッチがないことでこれらに気づけず、行動も起こ
　　　せない。そうじゃなくて、「これはチャンスだ」って気がつく
　　　ことで、これらをどんどん資本化することができる。

　　　あと、今考えているのは、「いつやる」ということを考える
　　　のはとても大事なんだけど、3年後こうしようって思うなら

今やってしまうのも手だと思う。たとえ「0→1」は遠くても、「0→0.5」はすぐ踏み出すことができる。

　キャリア形成して思うけど、「ある日突然できました」なんてことはなかなかない。そうじゃなくて、ずっとそれまでにやってきたからあるときできるようになる。英会話とかでもそうでしょ。だから、「いつやろう」って先延ばしにするんじゃなくて、そのときまでの時間のマネジメントをすることはものすごく大事。「5年後こうしよう」って考えつつ、「だから今の時間をこのようにマネジメントしています」って考えたほうがよい。

一場　そのとおりですよね。僕も本書で「千里の道は半歩から」っていう言葉を紹介させていただいているんですけど、何か昨日よりも新しいことをすれば、それは0.5進んだことになる。その0.5の歩みを365日続けたら1年前の自分と全然違うよね、っていう。

「皆で」の重要さ

田中　最近、感じているのは、「1人でできることは限られている」ということ。翔貴君との対談や奈々子さんとの縁というのは、これは僕にとってプラスでしかない。なぜなら、自分とは違うフィールドで活躍している人だから。

　プロティアンって、どこか1人よがりな考え方のようにとらえられやすいんだけども、そうじゃなくて「社会関係資本」というものが大きな要素。これまでに一般社団法人プロティアン・キャリア協会やプロティアン研究会、プロティアン戦略塾も0→1で立ち上げたんだけど、これの何がよいかって、自分がこうやってインタビューさせていただいているときにも、活動してくれている同志がいるってこと。ほんと、感謝だよね。

　　　1人で何かを成し遂げる人なんていないんだよね。だから、キャリア戦略として考えるべきは、同志という存在と共に、連携しながらこれから先何を社会に対して打ち出していきたいかということ。困っている人がいれば、どう助けるかとかを考えるべき。

一場　僕も「社会関係資本」は、すごく大切にしています。本書も、1人ですべて執筆することもできたのですが、今回こうやってタナケンさんと井上さんの3人でお話させてもらったり、仲間に出てもらったりしたのも、「社会関係資本」をモットーにしているからです。それこそ今回の出版もたくさんの社会関係資本によるご縁で実現しています。

　　　また、これからの時代は、オンラインとオフライン両方を使いこなすべきだと思っています。今この対談中に、タナケンさんの「タナケンYouTube」を観ている人もいるかもしれない。

　　　前回、タナケンさんとの対談で「note」の存在を知って、30分後に投稿したんですけど、これを繰り返した結果、今回お話をいただいて書籍を執筆することができたのです。行動→発信を繰り返すことで自分の知識や情報もたまるし、仲間も増えるなと思いました。

田中　それに尽きるよね。今、「組織の時代から個人の時代」と言われているけど、僕はそうじゃなくて、「組織の時代からキャリアの時代」と考えています。

　　　「組織から個人」というと、「これからは1人でやっていけばいいじゃん」というニュアンスが強くなる。そうではなくて、「組織の時代からキャリアの時代」と考えることで、個人と組織の関係性をよりよくすることに力点を置いていきたいよね。

　　　『プロティアン』や『気づき力の強化書』は、この点を大切

に読んでほしいよね。

一場　はい。僕の好きなアフリカのことわざで、「早く行きたければ1人で行け」「遠くに行きたければ皆で行け」という言葉があるのですが、まさにそのとおりだと思います。

井上　個人のスキルを向上させることの重要性が近年特に高まっていることは事実としてありますが、それだけにとどまらず、同じ意志を持った仲間と連携することで社会関係資本も蓄積され、結果として生み出す価値も最大化されますね！　今回の鼎談のように！（笑）「二兎を追う者だけが二兎を得る」の言葉の解説のよいと思う箇所があるんですけど、それは「皆で」というところ。

　　だから、タナケン先生と翔貴君、今回のインタビュー鼎談を皮切りに、また3人で沢山のことを一緒にやってきましょう！（笑）

一場　もちろん！　それに、1人で一匹の兎つかまえるより、3人で5匹くらい捕まえて、一緒に喜ぶ方が嬉しいと思うんだよね！

田中　そう。そのほうが心理的幸福感が高い！　だから、今回も「『気づき力の強化書』どんどん届いているね〜」って皆で喜んだほうが楽しい！

　　話は変わるけど、翔貴君、この本のハッシュタグ何にするの？

一場　今、考え中なんですよ！　「チャンス」は沢山ありそうだし、「気づき力」がいいかな？

田中　2冊のコラボレーションということで、「＃気づき力　＃プロティアン」のダブルハッシュタグにしよう。早速、tweet しておくね。あっ、次のインタビューがあるので。この辺りで〜。

一場　はい！ありがとうございました‼

井上　ありがとうございました！ ためになるお話盛りだくさんで、
　　　楽しかったです‼

田中　それじゃあまた何かやろうね！　翔貴君、井上さん、引き続
　　　きよろしく！

インタビューを終えて

田中　目の前の一歩で人生は大きく好転していきます。過去に囚わ
　　　れ、周りの目を気にして、人で悩むより、未来を見つめ、やり
　　　たいことや興味があることをつまみ食いしていけばいい。立ち
　　　止まるより、遥かにキャリア資本が溜まっていくから。

　　　　翔貴君や井上さんのように、一歩を踏み出し日々を過ごす、
　　　次世代を1人でも多く生み出していきたいと心から願っていま
　　　す。「気づき力の強化書」は、最初の一歩を踏み出す勇気を与
　　　えてくれると思う。

　　　　今回、改めて対談して思うのは、「文字翔貴」もい
　　　いけど、やっぱり「ナマ翔貴」が素敵だということ。

　　　　この本を手に取ってくださった方は、どこかで1度翔貴君に
　　　会ってみることをおすすめします。彼のパッションや未来への
　　　一挙手一投足から、大きな力をもらえるはずです。

　　　　そもそも、誰の人生にも正解はないのです。誰もがそれぞれ
　　　の人生の主役。与えられた人生の脚本を描き、主役として一生
　　　を全うしていく。目の前の困難を成長の機会に。目の前の悩み
　　　を最初の一歩の原動力に。それぞれの皆の一歩が、未来を創る。
　　　そんなことを確信しました。

　　　　翔貴君、井上さん、また、ご一緒できるのを楽しみにしてい
　　　ます！　ありがとね。

井上　日頃より「キャリア教育」について語り合っていた翔貴君が

遂に書籍を出版すると聞いて、今回の執筆、もう参加させていただかずにはいられませんでした！　各メディアを通して常に子供達に発信し続け、自ら全国に講演しに行く同世代の友人として、ここまで行動力のある人っていないですよね(笑)。

そんな「一場翔貴」のエネルギーの秘訣が詰まったこの『気づき力の強化書』、ここまで読んでいただいた方は、もう早く「チャンス」をつかみに行きたくてウズウズされているのではないでしょうか。

本章でタナケン先生と翔貴君と参加させていただいた対談は、もう本当に楽しかったです！　人事領域に身を置く私自身、1番力を入れている「キャリア形成」や「組織形成」について改めて勉強し、この道で社会に貢献できるよう極めていこうと決意した時間でした。

今回の対談で出てきた「プロティアン」という考え方と、この『気づき力の強化書』は、非常に共通項が多く、親和性が高いと思います。まずは本書を読んで、「チャンスをつかむ体質」を手に入れ、その後、『プロティアン』を読んで自らのキャリアに繋げていく。このことで、より体系的な人生の学びをゲットできるのではと思います。

私自身も、これまで以上にキャリアについて多角的に学び、私の夢である「『働くって楽しい』と心から思う人を増やす！」に向け、自分自身も精進しながら、この日々変わりゆく社会に少しでも多くの価値を提供できるよう、情報発信を初めとして活動していきたいと思っています。

そして、本書をきっかけに、「『働くって楽しい』と心から思いながら生きる人」が、日本に1人でも多く増えることを心から願っています。

第6章　プロティアンな生き方でチャンスを掴もう！

【田中　研之輔（たなか　けんのすけ）】

　法政大学教授。一般社団法人プロティアン・キャリア協会代表理事。UC. Berkeley 元客員研究員。University of Melbourne 元客員研究員。日本学術振興会特別研究員（SPD：東京大学）。博士：社会学。一橋大学大学院社会学研究科博士課程修了。

　専門は、キャリア論、組織論。「経営と社会」に関する組織エスノグラフィーに取り組んでいる。

　著書25冊。『辞める研修 辞めない研修 – 新人育成の組織エスノグラフィー』『先生は教えてくれない就活のトリセツ』『ルポ不法移民』『丼家の経営』『都市に刻む軌跡』『走らないトヨタ』、訳書に『ボディ＆ソウル』『ストリートのコード』など。

　ソフトバンクアカデミア外部1期生。専門社会調査士。社外取締役・社外顧問を20社歴任。新刊『プロティアン―70歳まで第一線で働き続ける最強のキャリア資本論』。最新刊に『ビジトレ―今日から始めるミドルシニアのキャリア開発』日経ビジネス、日経STYLE他メディア多数連載。

【井上　奈々子（いのうえ　ななこ）】

　1995年千葉県出身。浦和明の星女子中学・高校卒業後、2014年上智大学文学部新聞学科にてメディア論およびジャーナリズムを専攻。留学先バンクーバーで、マーケティングや広告、ジャーナリズムを専攻の傍ら、番組製作やフリーペーパー製作等を数多く手がける。

　2019年、国内大手精密機械メーカー入社後、本社人事部にて人事制度の立案および運用、ITシステム導入、労務管理等、人事業務を幅広く担当。

186

おわりに

父の想い「いいね。やってみたら」

　翔貴が生まれてからの成長過程で、人格形成の主要因と思う、2つの大きな経験があります。

　1つは、中学生まで何度も家族で様々な場所でまるでジプシーのように、生活環境や交友関係も変わりながらも、家族が1つになり仲よく過ごしてきたこと（交代員には2歳下の野球好きの弟がいます）。もう1つは、大好きな野球に出会えたこと。

　この2つの人格形成という重要期間の中、自分なりの居場所を探しながら、その中で挑戦したいと言うことはすべてやらせてみたこと、そしてそれらを親も楽しみながら一緒に応援し続けました。

　わが家では、特別に教育方針もなく、継ぐ家業もないので、大学に行きたいとなれば大学までは卒業させてあげることが、親の役割として最低限必要なことでした。

　野球チームでは、仲間達やスタッフ、父兄等にも可愛がられながら、皆仲よく楽しく主力選手として過ごしました。

　インドネシアでインターナショナルスクールの欧米人と交流したり、キャプテンとして、国籍・人種を超えた人達のまとめ役を担い、国際大会を経験したりするなど、日本ではできない経験が大きな自信に繋がりました。

　高校に入っても、大好きな野球に打込み、応援・補佐役としての居場所で、好きで楽しい役割を見つけたようで、そこから自分の進む道を決め、大学に進学してからはとにかく、やりたいことを探して突き進んだ結果、親は見守り応援するだけで、自立できたと思います。

私が翔貴にしたことは、私自身が野球経験者でもあり、団体競技はやらせたいと思い、監督・コーチ・父母会役員など、子供に深く関わり、妻も楽しみながら2人の息子の応援し続けたことくらいです。

　家族皆には、転勤時にいつも帯同してくれたので、感謝の意からも"いいね。やってみたら！"の態度だけは崩さないよう心掛けました。

　つらいことがあっても、持ち前の明るさと笑顔で乗り越え、常に感謝の心で皆を幸せな気持ちにさせる理想の"教育王"になれると信じています。

母の想い「自分の意思がしっかりある子」

　世界中で一番愛おしい息子が生まれて、その笑顔、寝顔にこの先もずっと癒されると思っていました。それが、その後とんでもない怪獣になってしまうなんて夢にも思わずに。

　トイレでせずにパンツの中で用を足す。公園に連れて行けば、何時間もひたすら遊び続け、なかなか帰らせてくれない。やっと家に着いても、まだ体力があるのか家中走り回り「うるさい！」と下の階の住人から私が怒られる。こんなはずじゃない！　心身共に疲れ切っていて、こんな子いらない！と思ってしまう真っ暗闇のトンネルの中にいる毎日でした。

　あるとき、勝手に母同士のお子さんを家に呼ぶと「次は自分が遊びたいお友達を呼んでいい？」と言われ、ハッと気づきました。そうだよね。ママの都合で友達決めないでほしいよね。この子は自分なりに考えて好きなように行動したがっている。そこから息子に対する思いは変わり、私の考えと違っても、突拍子もないことをやっても、人様に迷惑をかけなければ、受け入れてみることにしました。

幼稚園では、他の子はお母さんと一緒に帰り始めているというのに、1人だけまだお弁当を食べていました。周りがどんな状況でも「これを食べずに帰るわけにはいかない」と。

　高校受験直前には、寒い冬なのに窓全開で冷たい北風に吹かれ、氷入りの飲み物片手にびっしょりと額に汗をかいて勉強していました。自分で決めた目標なら、それに向かって頑張れる子だと応援したい気持ちになりました。

　子供には、無限の可能性があると言いますが、あのとき、真っ暗闇の毎日から解放されたい一心で大人の力で押さえつけ、小さな芽を踏み潰していたら、生き生きと咲く花を咲かせることはできなかったと振り返ることがあります。

　以来、どんなときも一緒になって楽しんできたから、子育てはあっという間でした。この子の母親になったことは、私の人生をおもしろくしていると思えるまでになりました。

ばーばの命、ちゃんと引き継いだよ

　2年前、祖母が亡くなりました。83歳でした。私が留学から帰国して22時間後の出来事でした。ALS(筋萎縮性側索硬化症)という、日本で8000人しか患者がいない難病でした。お通夜が行われた7月5日は、10年前に亡くなった祖父の命日でもありました。

　実は、祖母が亡くなる5時間前、7月1日の深夜に、私は叔父にLINEをしていました。私の留学中の取組みを大学から讃えられパンフレットに掲載されたことを祖母に伝えてほしかったからです。叔父もワクワクして伝えようとした矢先のことでした。

　祖母にとって、私は初孫でした。小さいときからたくさんの愛情を注いでくれました。おもちゃを買ってもらったり、髪を切ってもらったり、白ご飯から溢れ出すほどいくらをのっけてもらったりし

ていました。

　そんな思い出を回想しながら、私は祖母がいる棺と一緒に、お線香を絶やすことのないよう、お通夜を過ごしました。

　迎えた告別式の朝、ちょっとした奇跡が起きました。この日の午後に、本来であれば、奈良の高校で講演を控えていたため、式の途中で退出する予定でした。しかし、土砂降りの雨の影響で、休校となり講演も延期となりました。これにより、最後まで出席できることになりました。

　始まった告別式。お焼香して、お経を読み、最後のお別れの時間がやってきました。私にとって、これが3回目で、1回目は13歳のとき、2回目は19歳のときでした。今回は、泣くこともなく、このときを迎えました。

　しかし、この後、涙を堪え切れなります。お別れの時間が始まると、喪主の叔父からスピーチがありました。

　「本日は、大雨の中、足をお運びいただきありがとうございます。仲のよい方達に囲まれて、天国から大変喜んでいることかと思います。健康、健脚が取り柄の母でしたが、2年前に足を骨折してから、だんだんと体調が悪くなっていきました。そして、今年の1月に、難病だと診断され、もって余命3年と言われました。それから親族で叱咤激励をしていき、最近は体調もよくなり、先週はベッドを入れて、今週にクーラーを整備し、来週の退院を見据えて準備していた矢先に、母が息を引き取りました。母は孫の翔貴と友佑真のことをいつも気にかけていました。『翔貴は、いつ日本に帰ってくるの？　将来、何なるんだろうね？』だから、翔貴と友佑真には、おばあちゃんの期待に背かない人生を歩んでください」。

　この言葉を聞いた瞬間、涙が止まりませんでした。いくら唇を噛んでも、溢れ出てきました。

私は、祖母の名前でもある「きく」の花を、顔の周りで満開に咲かせました。

　そして、冷たくなってしまった頬に触れ、しゃがみ込んで、目を瞑りながら、力強くゆっくり心の中で語りました。

　「ばーば、帰ってきたよ。たくさんのリーダーをこの手で日本から育んでいくよ。今日は、翔貴が横にいてほしかったからわざと大雨降らしたんだね。なかなか会えてなかったもんね。最近は、昔野球やっていたときのように頑張っている姿を直接見てもらえなかったけど、これからは天国にいるから、世界中どこに行っても近くで見てくれるんだね。おばあちゃんの命、引き継いだよ。ありがとう、大好き」。

　人生は1度切りしかありません。その人生には、必ず終わりがあります。その終わりがいつかは誰にもわかりません。だからこそ、この今という瞬間を、誰のために、何のために、自身の命を使いますか。

　あの日が最後だとわかっていたら、何と言葉をかけていたのでしょうか。約束された明日はありません。繋いでくれた命に感謝です。

一場　翔貴

著者略歴

一場 翔貴（いちば しょうき）

「志動者に満ち溢れた日本を共創する」
NGO Catalyst 代表。会いに行く講演家。

1995 年生まれ、タイ出身。中学時代、インドネシア野球代表主将で世界大会出場。法政大学法学部国際政治学専攻の傍ら、学生 NGO 代表就任。組織崩壊の経験を活かし、Catalyst 創設。無人島で 100 名のリーダーシップを育む「無限島」、全国 100 校 4000 名に訪問授業する「Exclamation」、学生 350 名が志を語り合う「グローバルリーダーズパーティー」を展開し、マイナビ国際派就職 EXPO で史上初大学生講師を 2 年連続務める。

2017 年、台湾留学中に世界インターン事業営業統括として 50 名海外派遣、オンライン日本語大学教育コンサルタントや日台古民家ツアー代表就任。

2019 年、大手学習塾にて中高受験・個別指導、ライブ配信や AI 学習診断など新規事業にも携わる。

2020 年、情報経営イノベーション専門職大学の客員講師、プロティアン研究会の部会長就任。将来、ミチを彩るスクール「志動舎」を創設し、教育王として名を刻む。

Instagram ／ Twitter：@ shokyroom、YouTube：「【会いに行く講演家】一場翔貴」

人生のチャンスを掴む「気づき力」の強化書

2020 年 12 月 3 日　初版発行

著　者　一場　翔貴　©Shoki Ichiba

発行人　森　　忠順

発行所　株式会社 セルバ出版
　　　　〒 113-0034
　　　　東京都文京区湯島 1 丁目 12 番 6 号 高関ビル 5 B
　　　　☎ 03（5812）1178　FAX 03（5812）1188
　　　　http://www.seluba.co.jp/

発　売　株式会社 三省堂書店／創英社
　　　　〒 101-0051
　　　　東京都千代田区神田神保町 1 丁目 1 番地
　　　　☎ 03（3291）2295　FAX 03（3292）7687

印刷・製本　モリモト印刷株式会社

Printed in JAPAN
ISBN978-4-86367-627-5